内蒙古自治区高质量发展系列研究丛书

内蒙古培育发展数字经济研究

NEI MENG GU PEI YU FA ZHAN
SHU ZI JING JI YAN JIU

内蒙古自治区研究室
国研经济研究院

图书在版编目（CIP）数据

内蒙古培育发展数字经济研究 / 内蒙古自治区研究室，国研经济研究院著 . -- 北京：中国发展出版社，2021.8

ISBN 978-7-5177-1205-3

Ⅰ . ①内… Ⅱ . ①内… ②国… Ⅲ . ①信息经济－经济发展－研究－内蒙古 Ⅳ . ① F492.3

中国版本图书馆 CIP 数据核字（2021）第 024114 号

书　　名： 内蒙古培育发展数字经济研究
著作责任者： 内蒙古自治区研究室　国研经济研究院
出 版 发 行： 中国发展出版社
联 系 地 址： 北京经济技术开发区荣华中路22号亦城财富中心1号楼8层（100176）
标 准 书 号： ISBN 978-7-5177-1205-3
经　销　者： 各地新华书店
印　刷　者： 北京市密东印刷有限公司
开　　本： 710mm × 1000mm　1/16
印　　张： 15
字　　数： 263 千字
版　　次： 2021 年 8 月第 1 版
印　　次： 2021 年 8 月第 1 次印刷
定　　价： 69.00 元

联 系 电 话：（010）68990630　68990692
购 书 热 线：（010）68990682　68990686
网 络 订 购： http://zgfzcbs. tmall. com
网 购 电 话：（010）88333349　68990639
本 社 网 址： http://www.develpress. com
电 子 邮 件： 150289754@qq.com

“内蒙古培育发展数字经济研究”课题组成员

课题顾问

余　斌　国务院发展研究中心党组成员、学术委员会秘书长、研究员

课题组组长

王忠宏　国务院发展研究中心研究员、国研经济研究院原董事长

王　辉　国务院发展研究中心研究员、国研经济研究院董事长

课题组成员

李　布　国务院发展研究中心研究员、国研经济研究院院长

田杰棠　国务院发展研究中心创新发展研究部副部长、研究员

赵　杰　国研经济研究院院长助理

张惠刚　国研经济研究院特邀研究员

张涵诚　中关村大数据交易产业联盟秘书长

王永利　华北电力大学经济与管理学院副教授

宋逸群　阿里巴巴集团区域研究中心主任

李扬帆　国研经济研究院研究室主任

陈迎春　国研经济研究院研究室副主任

董欣蕾 国研经济研究院研究主管

李嘉义 国研经济研究院研究助理

课题协调人

李　布 国务院发展研究中心研究员、国研经济研究院院长

李扬帆 国研经济研究院研究室主任

序　言

内蒙古自治区（以下简称内蒙古）地处祖国北疆，横跨我国东北、华北、西北三大地区，内连八省（自治区），外接蒙、俄，自然和生态资源十分丰富，是我国北方重要的生态安全屏障、祖国北疆安全稳定屏障、向北开放的重要桥头堡。21世纪以来，内蒙古紧紧围绕国家战略部署，依托能源资源优势，不断推进改革开放，经济发展取得了举世瞩目的成就。目前，内蒙古所处的国内外环境发生了重大变化，已进入新的发展阶段。推动高质量发展，是新时代保持内蒙古经济社会持续健康发展的必然要求，是解决内蒙古发展不平衡不充分问题的必然要求，也是遵循经济规律发展的必然要求。

习近平总书记十分关心内蒙古高质量发展问题，多次作出指示和批示。2014年1月习近平总书记考察内蒙古时提出，内蒙古要着力转变经济发展方式，提高经济发展质量和水平①；2018年3月习近平总书记参加十三届全国人大一次会议内蒙古代表团审议时提出，内蒙古要扎实推动经济高质量发展，把祖国北

① 《习近平赴内蒙古调研 向全国各族人民致以新春祝福》，新华网，2014年1月29日，http://www.xinhuanet.com//politics/2014-01/29/c_119185638_4.htm。

部边疆这道风景线打造得更加亮丽[①]；2019 年 3 月习近平总书记参加十三届全国人大二次会议内蒙古代表团审议时提出，内蒙古要探索以生态优先、绿色发展为导向的高质量发展新路子[②]；2019 年 7 月在内蒙古考察并指导开展“不忘初心、牢记使命”主题教育时，习近平总书记再次强调，内蒙古要牢记初心和使命，贯彻以人民为中心的发展思想，落实新发展理念，做好稳增长、促改革、调结构、惠民生、防风险、保稳定各项工作，不断增强各族群众的获得感、幸福感、安全感[③]。习近平总书记的重要讲话和指示，为内蒙古高质量发展指明了战略方向，对扎实推动内蒙古经济社会高质量发展具有深远影响。

面对世界百年未有之大变局，面对高质量发展的时代任务，我们要认真学习、坚决贯彻落实习近平总书记关于内蒙古高质量发展的一系列指示批示精神，站在国家全局和战略大局上思考发展，主动适应变化，谋划好内蒙古经济社会高质量发展的战略举措。

必须坚持以绿色低碳循环为主题，并以此作为选择重点发展方向的基本逻辑起点和依据。作为我国北方面积最大、种类最全的生

---

① 《习近平在参加内蒙古代表团审议时强调：扎实推动经济高质量发展 扎实推进脱贫攻坚》，人民网，2018年3月6日，http://cpc.people.com.cn/n1/2018/0306/c64094-29849635.html。

② 《习近平参加内蒙古代表团审议》，新华网，2019年3月5日，http://www.xinhuanet.com/politics/2019lh/2019-03/05/c_1124197105.htm。

③ 《习近平在内蒙古考察并指导开展“不忘初心、牢记使命”主题教育》，新华网，2019年7月16日，http://www.xinhuanet.com/politics/2019-07/16/c_1124761316.htm。

态功能区，内蒙古的生态状况不仅关系全区各族群众的生存和发展，而且关系华北、东北、西北乃至全国的生态安全。建设北方重要的生态安全屏障，是国家赋予内蒙古的定位。内蒙古的创新、协调、开放、共享应更多围绕绿色来做文章。内蒙古要保持加强生态文明建设的战略定力，实现绿色转型，探索以生态优先、绿色发展为导向的高质量发展新路子。

必须加快新旧动能转换，做强实体经济，筑牢高质量发展根基。一是推动传统特色产业数字化、网络化、智能化建设，运用新技术、新模式改造提升传统产业，推动传统优势特色产业分化裂变、升级换代、跨界融合，实现“脱胎换骨”。二是大力培育产业集群，尤其是强化具有潜在战略发展价值的稀土材料、石墨烯新材料、大数据等产业集群的发展。三是建立健全产业创新驱动机制，实现经济发展动力从投资驱动向创新驱动转变，促进产业向价值链中高端迈进，形成创新驱动的现代化经济体系。四是深入实施品牌战略，培育一批国内外知名的产品、企业、行业，培育区域品牌，促进品牌高端化，改变内蒙古产品质优价低的局面。

必须推动形成高水平对外开放新格局。向北开放是我国新时代开放战略大格局中的重要一环，不仅对深化我国面向俄、蒙开放合作，更好维护国家能源资源安全具有战略意义，也是推进和深化与东北亚国家和地区经贸合作的重要渠道。内蒙古在向北开放过程中具有不可替代的地缘优势。内蒙古不仅要进一步强化向北开放桥头堡的战略功能，还要继续发挥“承东启西，贯通南北”的区位优势，加强与东北、华北各省区市的合作，共同构建面向俄、蒙、欧和东北亚的战略开放通道，带动周边省区市和更多地区参与到国家向北开放的战略布局之中。

必须创新体制机制，优化营商环境。要加快“放管服”改革，放宽市场准入，提升政府办事效率，增强政府行政能力和公信力，在制度方面加快改革，降低制度成本。大力推进建设一视同仁、公平竞争的营商环境。保护合法合规企业的权益，完善知识产权保护。把完善软环境建设纳入政府的政绩考核。通过诚信建设推动社会治理发展，优化发展软环境，吸引企业落户、产业生根。

必须充分尊重企业家精神。企业是市场经济的重要主体，企业家则是企业的灵魂和核心，在企业创新中起着不可替代的作用。这是因为企业家把分散的创新要素聚合在一起，不断地把科技创新与市场结合起来，从而使那些具有创新性、前瞻性的思想成为现实。因此，落实好高质量发展的时代要求，必须充分发挥企业的主体作用，充分调动亿万市场主体的积极性和创造性，充分尊重、保护和弘扬企业家精神，切实发挥好企业家在创新中的引领作用。

必须保障和改善民生，满足人民美好生活需要。高质量发展的最终目的是造福于人民，提高各个阶层的福祉。要建立完善的基本保障制度，实现初次分配强调效率、再分配更加注重公平的社会财富调节机制，缓解城乡居民之间、城市及农村居民内部的收入差距扩大趋势。对结构性失业较严重的地区，制定针对性政策，避免因不充分就业和失业导致的收入差距过大问题。

作为直属国务院的政策研究和咨询机构，国务院发展研究中心长期关注内蒙古经济社会发展。为积极支持内蒙古经济社会发展，国务院发展研究中心与内蒙古自治区人民政府于2019年7月22日签署了合作备忘录。今后，国务院发展研究中心将全面贯彻党的十九大和习近平总书记对内蒙古工作的一系列重要讲话精神，推动高端智库优势和内蒙古自治区经济社会发展的实际需求紧密结合，为把祖国北部边疆这道风景线打造得更加亮丽提供强有力的智力支撑。

是为序。

国务院发展研究中心党组书记、研究员

马建堂

2019年10月于北京

内容摘要

内蒙古加快培育发展数字经济，是培育发展新动能、推动新旧动能转换、实现创新驱动发展和生态优先绿色发展的必由之路，是提升区域竞争力、优化营商环境、提高经济运行效率的重要驱动力，也是改善民生、增进社会福祉的有力举措。

从全自治区、各产业各领域数字化发展的整体水平看，内蒙古数字经济处于起步阶段，重点发展方向的优势还未充分发挥，产业基础、企业主体、生态体系相对薄弱，发展数字经济所需的人力资源、技术能力不足，可投入的政府财力不能满足数字经济基础设施等方面的投资需求，数据连通共享、营商环境、政策保障体系等方面与发达省份相比仍有差距。

内蒙古发展数字经济可重点打造全国领先的算力中心、国家能源经济数字化示范区、生态环境数字化综合治理示范区，成为具有内蒙古优势特色的数字化转型先行区。以建成“塞上数字高原”为目标，力争到2025年，数字基础设施进一步完善，建成标准化、服务型数字政府，数字经济与传统产业融合程度进一步加深，数字产业重点领域实现突破性进展，成为“数字丝绸之路”重要枢纽。

内蒙古培育发展数字经济应当以数字政府建设为先导，在产业数字化、数字产业化的重点领域同时发力。发挥内蒙古优势特色产业和龙头企业的示范引领作用，加快农牧业、能源、制造业和服务业全面数字化，带动传统产业转型升级，突出内蒙古优势主导产业在全国乃至全球的核心竞争优势；积极发展新兴数字产业，培育形成整体竞争力，以电子信息产品制造、云计算大数据、人工智能、地理信息与卫星应用、软件与信息技术服务五大产业集群为主体，互为依托、紧密融合、优化布局、开拓创新。

在“十四五”期间，内蒙古需大力推进新一代数字基础设施建设，实施数字经济重大工程，加快数字经济重点平台建设，加强重点领域科技创新，提升数据资源利用能力。在政策保障体系方面，需加强统筹协调，重视宣传引导和教育培训，完善企业数字化服务体系，提高现代化治理和公共服务水平，加强数据资源管理，并做好人才政策、信息安全、金融等方面的支撑保障，提高财政投资效率。

目 录

第一章

数字经济的内涵、发展规律及趋势

数字经济已成为全球经济发展的重要方向，也是我国经济创新发展和转型升级的热点领域。当前，产业数字化特别是服务业数字化成为我国数字经济主要增长动力，中西部地区可以通过优势特色产业的数字化，加快培育数字经济。

一、数字经济的基本内涵

“数字经济”（Digital Economy）的概念最早产生于 20 世纪 90 年代的美国。当时，随着互联网的普及，美国经济的发展方式出现了明显变化，主要表现为信息服务业成为重要的新兴产业，数字技术广泛融入各行业的技术创新、商业模式创新。

进入 21 世纪以来，“数字经济”的概念逐步得到全球各主要经济体的认可。在 2016 年的杭州二十国集团（G20）领导人第十一次峰会上，与会国家共同发布了《二十国集团数字经济发展与合作倡议》，其中明确了数字经济的定义：“数字经济是指以使用数字化的知识和信息作为关键生产要素、以现代信息网络作为重要载体、以信息通信技术的有效使用作为效率提升和经济结构优化的重要推动力的一系列经济活动。”

这一定义从三个层面论述了数字经济的基本特征。第一，在生产要素层面，将数字化的知识和信息列为关键生产要素，与传统的土地、劳动力、能源及原材料等生产要素并列，标志着人类从事经济活动的对象由可见实体扩展到抽象化的信息。第二，在技术经济特征层面，信息网络是实现数字经济的基础平台。信息网络的低边际成本、边际效益递增等规模经济特征，决定了数字经济的网络化规模经济属性。第三，在经济运行机制层面，信息通信技术能够提高各行业的运行效率，并创造了软件和信息服务业等低消耗、高附加值产业，有利于经济结构的优化升级。

二、全球数字经济的发展态势

当前全球数字经济正处于信息化应用基本普及、智能化应用加快推广的发展阶段。大容量泛在通信网络、分布式计算传感测控、海量数据和智能算法等要素在各行各业以不同形式分别组合，产生丰富多样的新技术、新场景、新应用，一个全面智能化的社会呼之欲出。当前，数字经济呈现了软件定义、数据驱动、智能互联、服务导向等趋势特点。网络平台、软件系统、数据资源不仅成为重要的生产要素，也日益具备社会公共资源的属性。信息渠道、用户习惯、数字知识产权等无形资产则逐渐成为企业核心竞争力的重要保障。

专栏1　　全球数字经济发展的主要趋势

一、软件定义

“软件定义”（Software-defined）是指硬件（设备、消费品）的功能属性、性能参数主要由其控制软件决定。软件的开发与迭代，成为企业挖掘技术潜力、升级产品和服务、提升附加值、建立核心竞争力的主要途径。例如，消费级的无人机，在机电部分保持经典的功能设计，主要通过运动控制算法实现智能化的飞行控制和任务执行，算法成为了无人机产品价值的主要组成部分。制造业的这种“软件定义”发展趋势，要求企业建立数字化的研发平台，培养一批兼具行业技术和软件开发技术的复合型人才，运用模块化的迭代升级方式，缩短产品更新换代周期。

二、数据驱动

“数据驱动”（Data-driven）是指数据成为建立商业模式、驱动产业发展的核心要素：一方面，智能产品运用其供应商的数据资源，实现自身的功能；另一方面，智能产品又可以在使用中积累大数据、创造更高的附加值。例如，可穿戴医疗设备实现了对人体健康指标的智能化监测；与此同时，可以收集形成全社会的健康大数据，用于药物研发和诊疗技术的改进。“数据驱动”的发展趋势要求政府和企业善于积累数据、分析数据、运用数据，围绕数据开展技术创新、服务模式创新。

三、智能互联

“智能互联”概括了智能终端通过互联互通发挥价值的特点。智能终端与非智能终端之间，难以进行信息交互，也就难以体现其智能化的价值。只有建立全方位的智能化网络体系，连接大量不同种类的智能终端，才能形成一个“智慧网络”。例如，智能网联汽车要实现高度安全的自动驾驶，就需要和道路上安装的智能交通装备、道路上行驶的其他智能网联汽车进行实时的信息交互。“智能互联”的发展趋势，要求政府在制定行业标准、建设信息基础设施、引导用户采纳智能产品等方面更好地发挥作用，强化平台经济的优势特征。

四、服务导向

“服务导向”意味着服务在数字经济中扮演重要角色。对政府而言，建设数字政府，就是要提供信息化、智能化的监管和服务，做到公平、公正、公开，建立以服务为导向的良好营商环境；先进的智能化监管机制，也是一种优质的公共服务。对企业而言，要善于运用互联网思维，更新商业模式，将产品作为提供增值服务的终端，并分析客户的个性化需求，通过网络进行远程运维服务。例如，智能家居既可以作为提供居家养老等社区服务的终端，也可以作为电商的销售渠道。

资料来源：国研经济研究院整理。

美国是全球数字经济的起源地和引领者。美国长期在信息技术软硬件核心技术、数字基础设施、网络平台、数据资源等关键基础领域占据优势主导地位，不断培育出标志性的全球数字经济龙头企业，目前在脑机接口、量子计算等前沿领域仍保持领先。美国长期引领数字经济发展理念变革，商业模式创新与治理理念输出并重。并且，在数字经济人才吸引与培育、支持数字经济发展的金融体系等方面也拥有显著优势。截至 2019 年底，微软、苹果、亚马逊、谷歌、脸书五家数字经济领军企业占据全球上市公司市值前五名，反映了美国数字经济的全球影响力和发展前景。

欧洲、日韩、中国数字经济处于跟随发展的地位，在一些局部领域各具优势特色。欧洲在智能制造技术和数字化节能环保等领域具备优势，且更加注重数字经济条件下的开放竞争市场秩序、个人隐私保护、社会公平等问题。日韩在集成电路、新型显示、测控传感技术等硬件制造方面拥有较强竞争力，在智能服务、数字娱乐等方面处于先发地位。中国在通信技术、无人机等领域实现赶超，在生物信息、量子通信等未来具有较大潜力的领域取得创新突破，在信息消费、多功能平台、线上线下相结合、个性化定制与服务等领域形成了我国特有的发展模式。

专栏2　　全球主要经济体数字经济发展战略的侧重点

一、美国

美国是全球数字经济的引领者。20世纪90年代，时任美国副总统戈尔提出“国家信息高速公路”计划、“数字地球”构想，率先启动大规模的信息通信基础设施建设。这一时期，美国已牢固确立了全球信息网络的中心节点，占据了全球互联网域名、IP（Intellectual Property，知识产权）资源和技术标准的话语权，使“硅谷”成为全球信息产业的创新中心。小布什政府持续推进“电子政务战略”，实现政府监管和公共服务的数字化。在此基础上，奥巴马政府发布《数字政府战略》，实施《开放政府指令》，注重向民众开放政府数据，建设“透明政府”。特朗普政府发布《国家网络战略》，强调保护美国的网络安全，维护美国在全球信息产业中的领先地位，加强美国对全球数字经济的影响力。

从美国数字经济发展战略的演进历程上看，美国引领全球数字经济的发展，目标在于占据全球技术与产业制高点，树立具有民众感召力、国际影响力的国家治理理念，从而巩固美国在全球事务中的领导地位。

二、欧洲

欧洲的数字经济起步晚于美国。进入21世纪，欧盟先后制定了“eEurope 2002”和“eEurope 2005”计划，加快建设信息基础设施，普及宽带网。2005年，欧盟通过了《i2010：欧洲信息社会》发展规划，重点发展信息通信技术产业，加大研发投入，加强数字知识产权保护。2010年，欧盟发布《数字欧洲议程》，强调构建统一的数字市场，增进互联互通，加强网络信息安全保护。2015年，欧盟发布《单一数字市场战略》，促进信息服务的自由流动，发展跨境电商物流。2016年，欧盟发布《产业数字化规划》，加大在智能制造、云计算存储、5G通信等方面的投资。

与美国相比，欧洲发展数字经济更重视反垄断、个人隐私保护，体现了欧洲的价值观。但因国家间在语言文化、监管机制上存在天然隔阂，欧洲各国的数字经济缺乏充分竞争与整合，难以培育形成全球龙头企业。

三、日本

日本发展数字经济的进程大体与欧洲同步。进入21世纪，日本先后制定了“e-Japan”“u-Japan”“i-Japan”战略，推进经济社会的数字化。2013年，安倍内阁发布《创建最尖端IT国家宣言》，加快政务云平台建设，推动政府数据公开，促进政务、医疗等信息整合，发展大数据应用。2016年，日本提出“超智能社会”构想，推动人工智能的研发应用，以智能技术替代其短缺的劳动力，促进公共服务、社会管理的智能化。

日本依托信息科技领域的雄厚积淀，在数字经济的硬件、软件、服务、投融资等方面均具备全球竞争力。但由于人口规模、经济体量的限制，日本数字经济在营造市场、推动模式创新等方面的力量仍显不足。

四、中国

我国数字经济的发展，呈现“后发赶超”的迅猛势头。与发达国家不同之处在于，我国发展数字经济的进程，与国家的工业化、融入全球分工体系的进程相重叠。进入21世纪以来，我国以信息化与工业化“两化融合”为引领，推动信息化与农业现代化、新型城镇化相融合，数字经济的发展脉络日益清晰，形成了“产业数字化”和“数字产业化”两大方向。在产业数字化方面，2015年，“互联网+”首次写入政府工作报告；2019年，“智能+”也写入了政府工作报告。在数字产业化方面，我国成功打造了电商物流、在线社交、移动支付、共享经济等具有全球竞争力的新兴业态，已形成以数字经济为主体的“新经济”产业集群。

我国数字经济侧重于应用导向，在模式创新方面取得了突出成就，但在技术创新上基础相对薄弱。未来仍需加大数字经济前沿领域的科技研发投入。

资料来源：国研经济研究院整理。

三、我国数字经济总体发展形势

党的十八大以来，以习近平为核心的党中央高度重视发展数字经济。中共中央办公厅、国务院办公厅印发了《国家信息化发展战略纲要》，国务院先后印发了《国务院关于积极推进“互联网+”行动的指导意见》（国发〔2015〕40号）、《促进大数据发展行动纲要》（国发〔2015〕50号）、《关于加快推进“互联网+政务服务”工作的指导意见》（国发〔2016〕55号）等一系列重要政策文件，持续推进产业数字化、数字产业化，推动建设数字中国、智慧社会。党的十九大报告强调，推动互联网、大数据、人工智能和实体经济深度融合，在中高端消费、创新引领、绿色低碳、共享经济、现代供应链、人力资本服务等领域培育新增长点，形成新动能，为我国数字经济发展指明了重点方向。

近年来，我国数字经济飞速发展，电子信息制造业规模保持较快增长，信息通信技术实现了由追赶到引领的跨越式发展，云计算、人工智能、大数据、区块链等领域创新活跃。无人机作业、智慧种植养殖等先进技术在农业领域逐步推广，制造业“机器换人”步伐加快。伴随着工业化和城镇化水平的提升，我国借助规模经济、平台经济的突出优势，在电商物流、在线社交、移动支付、共享经济、数字娱乐、远程教育、远程医疗以及线上线下相结合的生活服务等领域形成特色，打造了具有全球影响力的“新经济”产业集群。一批数字经济领军企业迅猛发展，在营业收入、利润、市值、商业模式创新、品牌知名度、国际化发展、人才培育等方面达到或接近世界级企业的水平。数字经济已对我国的区域发展格局演变、产业结构转型升级产生了深远的影响；城乡消费场景、人们的生活习惯乃至价值观念也产生了深刻变化。

2019 年，我国数字经济总量为 35.8 万亿元左右，占 GDP 比重为 36.2%；数字经济总量名义的增长率为 15.6%，比 GDP 名义增速高一倍。从数字经济的具体形态看，产业数字化是我国数字经济发展的主导力量，占数字经济的比重已达到 80%。具体到各行业的数字化而言，2019 年我国服务业数字化对于服务业的贡献达到 37.8%，工业数字化对工业的贡献为 19.5%，而农业数字化的比例仅为 8.2%；从数字经济创造就业的情况看，第三产业为 1.3 亿个，第二产业为 0.5 亿个，而第一产业不足 0.2 亿个。考虑到服务业占我国 GDP 的比例已超过 50% 且还将继续上升，未来一个阶段，服务业仍是我国数字经济的主要增长点。

2020 年，在统筹推进新冠肺炎疫情防控和经济社会发展的工作中，党中央高度重视数字经济的关键作用，作出一系列重大决策部署。3 月，中央政治局常委会会议强调“加快 5G 网络、数据中心等新型基础设施建设进度”。4 月，《中共中央 国务院关于构建更加完善的要素市场化配置体制机制的意见》（以下简称《意见》）正式公布。《意见》分类提出了土地、劳动力、资本、技术、数据五个要素领域改革的方向，肯定了“数据”作为一种生产要素对经济发展、社会治理的重要贡献，首次明确了“数据”参与发展成果分配的制度框架，要求加快培育数据要素市场，并提出了推进政府数据开放共享、提升社会数据资源价值、加强数据资源整合和安全保护等方面的工作任务。5 月《中共中央 国务院关于新时代加快完善社会主义市场经济体制的意见》再次提出加快培育数据要素市场，要求建立数据资源清单管理机制，完善数据权属界定、开放共享、交易流通等标准和措施，发挥社会数据资源价值。从 2020 年上半年的情况看，我国移动互联网应用、大数据、人工智能等数字技术在疫情防控中发挥了重要作用；依靠数字基础设施软硬件、智能制造技术、线上线下一体化网络平台，我国较好地维系了国民经济正常运行，亿万国民实现了居家办公、居家消费、远程教育和远程医疗；以数字基础设施为主体的新型基础设施建设的展开，为“六稳”“六保”提供了重要支撑，有力地提振了金融市场和企业管理者对我国经济中长期发展的信心，使得二季度经济增长的恢复情况明显好于预期。展望“十四五”时期，我国以5G为代表的新一代数字基础设施将率先形成网络效应，人工智能应用相关产业体系将更加完备，数据作为生产要素参与分配的体制机制将得到进一步完善，我国数字产业化进程也将显著加快。

四、中西部地区发展数字经济的经验和规律

（一）利用自身气候和能源优势率先发展数据中心

中西部地区除个别省份外，电子信息产业基础较为薄弱，难以直接催生数字产业；制造业、服务业的发展规模普遍小于东部发达地区，一些行业数字化的平台在起步阶段需要足够的市场规模来支撑，因而也很难首选在中西部地区落地。因此，中西部地区发展数字经济较为重要的路径是依托气候、能源等优势，率先发展数据中心，在数据中心的基础上吸引其他发展要素。目前，内蒙古、贵州、宁夏等地都是以建设大型数据中心为起点，快速启动了数字经济的发展。

（二）以政府数据整合和数字政务建设为发展初期主要抓手

中西部地区除能源等少数行业外，普遍缺乏资金实力雄厚、具备行业领军地位的企业，企业即使意识到数字化发展的重要意义，但面对较高的资金投入，往往是“有心而无力”；并且，能够为企业进行

数字化建设的本地服务商也较为缺乏。因此，政府示范引领是中西部地区数字经济发展初期的主要抓手。地方政府应当率先应用新兴数字化技术，形成示范引领效应，进一步增强企业、个人对新技术的信心，将用户引流至政府提供的数字化公共平台。同时，政府项目的批量实施，能够创造一个有相当规模的数字化服务市场，带动数字化解决方案服务网络在本地区的完善。

（三）重点培育特色产业，注重传统优势产业转型升级

中西部地区也曾培育了一批电子信息、软件开发等企业，但这些企业存在发展水平不高，或达到一定发展水平后迁移至东部地区的问题，反映了专业化分工和产业集聚的客观规律。中西部地区要培育植根本地的数字经济，就要充分立足于本地的优势特色产业，形成数字技术与行业积淀相融合、具有独特优势的新兴细分产业。特别是运用“互联网 +”“智能 +”的理念，将先进的数字技术融入传统产业，实现对传统产业的全面改造，在生产工艺、供给品类、管理体系、商业模式等各环节取得创新突破。

（四）初期投入较多、债务增长快，需在发展中逐步解决

数字经济是典型的平台经济。发展数字经济最大的难点在于前期投入，主要包括投资建设必要的信息基础设施、搭建应用平台（系统）、吸引用户使用所需要花费的成本。针对这一问题，中西部地区需提高投资效率，在前期依靠举债筹集资金过程中，合理控制债务水平，确保数字经济发展的持续性。特别是通过建立市场化融资渠道，多方面筹集资金。在明确各方权责关系的基础上，创造市场化的投资回报前景，合理分配风险收益，形成政企协作的长效机制。尤其要善于挖掘平台

经济产生的用户价值、大数据价值，吸引风险资本等长期资金的投入。

（五）需高效、有力的统筹领导机制和人才引进政策

中西部地区数字经济的发展还面临基础薄弱、各城市各产业起点参差不齐的困难。在项目建设中，需坚持统筹谋划、共建共享，从区域、行业、功能等条线出发，将分散的信息化、智能化需求进行归并集中；围绕不同用户的“共同痛点”，联合制定统一的信息平台开发计划，消除“信息孤岛”，避免重复建设，从而实现增大收益、降低成本。还要采取高效、灵活的人才引进政策，借助行业领军人才，引入先进的数字经济理念，实现以点带面的扩增效应。

（六）重视中心城市的引领作用

在我国西部和东北地区，由于主要城市之间地理距离较远、未充分形成差异化的分工定位等原因，数字经济较难形成集群发展效应。中心城市的数字经济实力基本决定了全省（自治区）数字经济的总体水平。根据部分研究机构的测算，成都、西安、昆明、南宁、贵阳、呼和浩特等西部地区省会（首府）城市的数字经济排名均高于其 GDP 的排名，并且其排序基本与各省区数字经济发展水平的排名一致，体现了西部地区中心城市在区域数字经济发展中的引领作用。

第二章

内蒙古培育发展数字经济的战略意义

数字经济是一种全新的经济形态，包含了新技术、新产业、新模式、新业态等多个方面，意味着经济社会发展方式的全面转变。全球趋势、国家战略和区域发展定位都要求内蒙古加快发展数字经济。为了突破发展瓶颈、加快动能转换、稳定经济形势、增强区域竞争力和改善民生福祉，内蒙古数字经济需要加快发展步伐。

一、促进传统产业转型升级、提质增效的加速器

当前，新一轮科技革命与产业变革加快发展，人工智能、大数据、云计算、物联网等新兴数字化技术正快速而全面地融入各行各业，使经济发展的方式发生深刻的变化：资金、土地、矿产资源等要素的重要性在下降，而数据、知识、智慧的重要性在上升；实体产品消费对于经济增长的贡献度在下降，而信息消费、线上线下相结合的服务消费对于经济增长的贡献度在上升。内蒙古经济仍将在相当长一段时间内主要立足于农牧、能源、原材料等传统产业，必须主动适应经济发

展规律的变化，对传统产业的发展模式进行重组，运用先进数字化技术、数字化发展理念，让传统的生产要素与新兴的数字化要素结合起来，实现对传统产业的全方位改造，加快转型升级步伐，提升整个行业的市场效益和竞争力。

在内蒙古具有传统优势的行业中，一类是数字化程度较高、数字化发展路径较为清晰的产业，如化工、食品加工等流程型制造行业。在这些行业，内蒙古需要加快应用成熟的数字技术，尽可能形成规模集聚优势，促进行业内的数字化创新应用率先在内蒙古落地，逐步培育形成本地的数字化服务体系，进而争取实现生产技术的自主创新。另一类是农牧业、能源等数字化水平不高，或到目前为止数字化路径尚不完全清晰的行业。在这些行业需要加大研发投入，开展具有战略意义的基础研究，积极探索有效应用先进数字技术的路径，将核心竞争力建构在数字化技术的基础之上，力争走到全国乃至全球的前列。做好上述两方面工作，内蒙古传统支柱产业的发展就会取得飞跃式的突破。

二、培育新发展动能、实现创新驱动发展的重要路径

党的十八大提出“实施创新驱动发展战略”，党的十九大提出“加快建设创新型国家”。从内蒙古的基础条件看，由于缺乏国内外顶尖的高校，科研院所数量少、专业覆盖面狭窄，本地企业在资金、技术上难以充分支撑科技研发，导致内蒙古创新驱动发展能力较为薄弱。根据国家统计局的核算，2018 年内蒙古科技研发投入的 GDP 占比仅为 0.75%，在全国各省区市中排名靠后，且低于西部后发省份贵州的 0.82%，以及能源大省山西的 1.05%。加大科技研发投入并实现由科技成果向经

济效益的转化，已成为内蒙古高质量发展的一项急迫任务。

数字经济蕴含着大量的科技创新需求。内蒙古发展数字经济，是激活创新发展要素、系统性提升区域创新能力，以全新姿态参与全国乃至全球创新网络的重要途径。一方面，在人工智能、大数据等新兴技术和产业领域，目前还需要大量的基础研发投入和市场开发工作，才能转化形成有效的商业模式。内蒙古可以在数据测试、场景应用等方面，为我国先进数字技术的发展提供支持。另一方面，在信息技术以外的产业领域，运用数字技术进行研发，也已成为普遍趋势。内蒙古要全面提升各支柱产业的自主创新能力，就要采用数字化的研发测试工具，建立数字化的研发体系，不断孕育具有数字化特征的创新成果。

以智能技术等新型数字化技术作为创新驱动发展的“内核”之一，将为内蒙古经济的未来发展注入新动能：一是强化数据的生产要素作用，基于对数据资源的开发利用，发展具有智能化特征的信息服务业，面向商业场景提供决策支持、解决方案，使内蒙古数据中心从“记忆者”升级为“思考者”。二是基于数字技术打造创新中心，使内蒙古成为我国基础产业的创新策源地，在传统优势产业中深入挖掘具有较高科技含量的新兴细分产业，如农牧业中的智能化育种，能源行业中的分布式能源网络，材料加工中的 3D 打印，等等。三是通过数字服务业态，使内蒙古的龙头企业由“产能优势”向“服务能力优势”转变，依托数字平台，以对外提供设计施工服务、运维服务等新模式取得收入。四是构建植根于内蒙古的线上经济空间，运用 VR/AR（虚拟现实 / 增强现实）等新技术，发展在线研发、远程辅助、创意设计、网络文化等新兴业态，从而克服地理距离等限制，促进内蒙古的创造力在数字空间碰撞交融，充分转化产生经济效益。

三、推动生态优先绿色发展的有效手段

数字经济具有绿色、高效、服务导向等特征，符合以生态优先、绿色发展为导向的高质量发展理念。内蒙古发展数字经济，能够从多个方面推动生态优先、绿色发展。

第一，发展高附加值产业、新业态新模式，优化产业结构，降低单位产值能耗及排放水平。内蒙古经济发展长期依赖能源和矿产资源开采，亟待建立可持续发展的产业体系；草原畜牧业相对粗放，面临的生态环境压力较大。推动产业数字化，可以促进内蒙古传统产业改进生产工艺、提升产品质量，提高附加值，降低对自然和生态资源的依赖；同时，培育新兴的数字产业，可以为内蒙古创造更加绿色且可持续的就业机会、财政收入。

第二，提高农畜产品加工产业链数字化水平，丰富绿色产品供给。随着我国国民收入的提高、消费观念的进步，人们对绿色食品、低碳环保产品产生了更高需求。通过全产业链的数字化，特别是农产品追溯体系，可以助推绿色食品的去伪存真，提升内蒙古生态农牧业的附加值。

第三，运用数字技术，提高安全生产作业能力，实现绿色生产。安全生产、绿色生产是绿色发展的重要内容。数字技术是安全生产的可靠保障，也是实现绿色生产的重要手段。在矿业领域，采取大数据、人工智能辅助的估测、勘探和采掘，可以提高作业效率，降低对生态环境的影响，更加可持续地开采利用自然资源；在化工、冶金、装备制造等领域，运用智能制造技术，可以更好地实现固废无害化处理、

再利用，发展废弃装备回收再制造。

第四，通过数字化技术调动社会力量，参与内蒙古生态建设。数字公益事业已为内蒙古沙漠地区的绿化工程筹集社会资金。运用在线众筹等方式，可以为内蒙古生态建设筹集更多资金。数字文化、数字旅游可以宣传内蒙古绿色发展的形象，吸引国内外绿色公益组织加入内蒙古的生态建设。

四、抢抓新型基础设施建设机遇、稳定经济形势的主战场

新冠肺炎疫情暴发以来，全球经济面临重大风险挑战，我国经济在停滞后的恢复还存在诸多困难。考虑到全球供应链局部停顿、市场需求骤然收缩，石油价格下探新低，部分大宗商品需求减少，这样的外部形势对以能源和高载能产业为支柱的内蒙古经济而言，已构成重大的负面冲击。

目前，我国急需推出短期的稳定经济举措和提升中长期持续发展能力的战略措施，统筹推进传统基础设施和新型基础设施建设，特别要在5G、数据中心、物联网、北斗导航、智能网联新能源汽车配套设施等领域加大投资力度，适度超前布局。内蒙古需抓住“新基建”带来的关键机遇期，全面推动产业数字化和数字产业化，创造对数字基础设施的巨大需求，从而争取国家层面的投资项目倾斜、资金支持。开建一批具有战略意义的数字基础设施项目，不仅有助于支撑内蒙古数字经济占领未来发展的制高点，也有助于保住一批从事工程建设、配套材料制造的本地企业，稳定内蒙古区域财政，增加就业机会。

五、跨越“新数字鸿沟”、重塑区域经济竞争力的迫切需要

数字经济是一种典型的平台经济，意味着必须规模化发展、集聚发展。无论是在国与国之间，还是在我国各省区市之间，由于产业规模、人口密度造成的数字经济平台化能力差异，正日益形成新的“数字鸿沟”。在上世纪末，发展中经济体与发达经济体之间的“数字鸿沟”主要体现为在信息基础设施、计算机和手机普及率等硬件上的差距，这些差距可以通过加大投资来逐步“填平”。而进入“万物互联”的智能时代后，差距主要体现在数字平台的用户规模、产业基础、应用场景丰富度等方面。人口密度较小的地区，即使有全面覆盖的网络通信服务、居民有足够的数字素养，也难以成为数字经济发展的领导者。

由于数字经济具有平台效应，我国数字经济的区域发展呈现高度的不平衡性，具体表现为强烈的“胡焕庸线”分割效应。东南部地区不仅有更大的经济体量，数字经济占经济总量的比重也明显高于西北部地区，这意味着数字经济规模的差距就更为悬殊。具体到内蒙古而言，由于第一产业占比高于全国平均水平、第三产业占比低于全国平均水平，且第二产业以数字化贡献较低的能源及重化工等行业为主体，结合我国数字经济发展的阶段性特点看，内蒙古发展数字经济面对较为不利的产业结构，起步较为困难。2019 年，内蒙古数字经济占 GDP 约为 23%，名义增速约为 9%，与全国平均水平有较大差距；尽管内蒙古经济总量在各省区市中排名为 20 位，人均 GDP 排名为第 11 位，但数字经济发展水平在全国的排名仅为 25~26 位。2019 年内蒙古数字经济规模约为 4000 亿元，与贵州相当，但增长幅度仅为贵州的一半左右。

目前，内蒙古缺乏能够带动全区数字经济发展的中心城市（或密切协同的城市群）。尽管呼和浩特数字经济排名高于其 GDP 的排名，但未能进入前 50 强，与西部地区数字经济较强省区的省会（首府）城市存在较大差距；包头、鄂尔多斯的数字经济发展水平则低于其 GDP 的城市排名。总体上看，呼包鄂均处于“数字三线城市”的行列。从西部各省市区数字经济的发展动态看，内蒙古数字经济如不能加快发展，不仅与东部发达地区的差距会进一步拉大，在西部地区也将处于后发地位。

六、优化营商环境、提高经济运行效率的重要驱动力

营商环境是制约我国西部、北方地区发展的难题之一。有了包容友好的市场环境、便捷贴心的公共服务、竞争导向的社会观念，才能吸引优质生产要素集聚，提高内蒙古经济运行的效率。

按照中央统一部署，建设数字政府，打造“互联网 + 政务服务”平台，是内蒙古深化“放管服”改革、优化营商环境的关键之举。自治区需要构建全区一体化在线政务服务体系，理顺各部门间的权责关系，增强统筹协调，并以授权、监督的方式，向盟市、旗县下放部分行政权力；通过在线审批系统建设，严格规范、归并简化各类行政审批流程，提高行政审批的公平性、时效性、帮助企业快速便捷办理相应手续；通过政务信息公开、政务大数据，促进社会公众对政府行为的监督。

内蒙古地域辽阔、横跨“三北”，由于历史等原因，在海关、铁路、电网等领域存在东西部分片管理的问题，容易造成市场割裂，影响生产要素的配置效率。引入在线交易平台，可以逐步消除区域壁垒，

构建统一市场，从而优化内蒙古的产业布局，更好发挥内蒙古的比较优势。特别是在探矿权、电力、铁路运能、排放权等重要的生产要素配置上，建立在线交易平台，有利于企业跨地域统筹调度运营，提高生产经营效率。

七、改善民生、增进社会福祉的有力举措

与我国大多数省区相比，内蒙古人口密度较小，民生保障的任务负担重、成本高。建设数字社会，是内蒙古改善民生、增进社会福祉的有力举措。

第一，兴边富民迫切需要信息服务的支持。推动电信服务，以及基于网络的金融、物流、政务服务在内蒙古普遍覆盖，是内蒙古改善民生的基础条件。偏远牧区、矿区有了和大城市同等的信息服务，民众就有渠道获得其他生产要素、生活物资，就有了长期扎根边疆的基础。

第二，远程教育、远程医疗是基础公共服务均等化的重要途径。整体薄弱且不均衡的教育和医疗资源，是造成内蒙古人口与产业流失的重要原因。运用基于数字技术的远程教育、远程医疗，为自治区中心城市引入国内外的优质教育医疗资源，并将自治区级、盟市级的教育医疗服务延伸到偏远乡村，是内蒙古改善民生的必要措施。

第三，加强数字治理和精准扶贫需要运用数字技术。基于数字技术的网格化社会治理，对内蒙古的社会建设具有重要意义。建设智慧城市、智慧乡村，可以实现公共服务的城乡统筹，加强社会治安体系，并有效推进精准扶贫。

第三章

内蒙古发展数字经济的基础条件、现状与问题

内蒙古自治区高度重视数字经济发展，近年来数字基础设施全面升级，技术创新能力逐步提升，数字政府建设稳步推进，智慧社会建设取得进展。从全自治区、各产业各领域数字化发展的整体水平看，内蒙古数字经济已进入起步阶段。

一、基础条件和进展

（一）国家级数据中心的优势突出

京津冀区域是我国发展数字经济的核心区域之一。首都是我国数字政府、数字社会的中心，北京是我国“互联网+”、大数据等数字产业的领军城市。内蒙古紧临京津冀，与北京之间的网络通信时延较低、人员往来便利，有条件发展成为北京等数字产业中心城市的重要协作区。并且，内蒙古气候干爽、地质构造稳定、能源供给充足、发展空间充裕，可以依托首都核心功能，建设政务数据中心、企业数据中心、云计算存储中心，培育孵化数字产业。

近年来，内蒙古担当我国云计算存储中心的网络条件日益完善。全区网络出区带宽达 18.97T。骨干网全面支持 IPv6，出口带宽达到 1320G（约 1.28TB）。呼和浩特国家级互联网骨干直连点获得批复，正在争取和林格尔新区国际互联网数据专用通道。乌兰察布市、鄂尔多斯市均建成了进京直通光缆。

内蒙古实现了与蒙古国、俄罗斯的信息通信设施互联互通。内蒙古现有满洲里、二连浩特两个国际通信信道出入口，其中二连浩特信道口与蒙古国四家运营商分别对接，容量为 2.4Tbps，满洲里信道口与俄罗斯两家运营商分别对接，带宽共计 0.6Tbps。

依托内蒙古的能源、气候、空间、区位等综合优势，内蒙古积极招商引资，建成以三大运营商数据中心为代表的一大批国家级数据存储服务中心。全区数据中心服务器装机能力突破 112 万台，居全国首位，形成了呼和浩特（和林格尔）、乌兰察布、鄂尔多斯三个“数据中心城市”。以数据中心为基础，华为、阿里巴巴、百度、腾讯、京东、浪潮、苹果、微软等国内外数字经济领军企业纷纷扩大在内蒙古的业务规模。从事服务器翻新、循环利用、设备融资租赁的现代服务业企业，以及信息安全领域的系统集成企业都已落地。在大数据的产业化方面，建成全国首个数据资产评估中心，依托数据资源，开展了“以数招商”。

（二）信息通信服务日益完善

光纤宽带和 4G 网络普遍覆盖。内蒙古自治区移动电话普及率全国排名第 8 位，移动宽带用户占比超 85%，移动宽带普及率为 103.5 部 / 百人，全国排名第 10 位。固定宽带接入用户总数突破 660 万，100Mbps 及以上用户占比居全国第六。全区 12338 个行政村基本实现光纤宽带和 4G 全覆盖。

5G 商用前期准备工作就绪，即将进入推广应用阶段。内蒙古自治区积极推进 5G 商用工作。三家基础电信运营企业均在呼和浩特市实施 5G 试点，2019 年新建 5G 基站 1000 多座，12 个盟市均开通了 5G 试验基站。2019 年 10 月，5G 服务在呼和浩特正式启动，预计 2020 年内覆盖 12 个盟市政府所在地。

（三）产业数字化取得一定进展

农牧业、林业启动数字化平台建设。自治区正在建设内蒙古农畜产品质量安全大数据智慧监管与服务平台。平台以全面服务于自治区、盟市、旗县、乡镇四级农畜产品质量安全监管工作为出发点，包含农牧业生产经营主体管理、网格化监管、检验检测、分析预警、企业和产品生产过程管理、诚信体系建设等主要监管系统；包含产品展示、下游经营企业线上线下产销对接、各类产品检验检测标准等社会化服务系统。平台建成后将覆盖全区近 10 万家各类农牧业生产经营主体、全区四级 1200 个监管、检测和执法机构，实时获取网格化监管信息、农畜产品检验检测信息和产品追溯信息。伊利集团率先在业内建立了完善的产品追溯程序和母乳研究数据库。林业方面，自治区整合现有数据资源，初步建成涵盖全区森林、湿地、荒漠和野生动植物等自然资源和相关业务管理数据的信息平台，为智慧林草大数据建设奠定坚实基础。

采矿、能源行业数字化重点平台和项目取得阶段性成果。自治区已启动智慧能源大数据平台建设，设计搭建“1+3+1”平台，1 个能源综合展示平台，3 个专业平台（“煤炭平台”“电力和新能源平台”“油气和煤制燃料平台”），1 个“油气长输管线安全监管平台”。包头钢铁集团、内蒙古伊泰集团有限公司等企业智慧矿山建设取得较显著的成效。鄂尔多斯智慧能源平台建成投用，汇总了各煤炭企业、各个矿区的信息，建立了视频监控和调度系统，实现了对煤炭开采、销售的全过程监管。乌兰察布能源管控平台一期建成，接入企业 94 户，数据采集点达 7235 个，日数据产生量 720 万条。利用该平台可进行大数据分析和挖掘，建立数字模型，在产品降耗和提升质量上为企业提供数据服务，计划采取合同能源管理模式，试点为企业免费安装尾气发电装置，通过节能降费与企业分成。包头青山电器旗下的"青电云平台"经过了三年的开发应用，为企业用户提供变配电站智能化托管运维、"企业电网云服务平台"建设运营、配售电智慧云平台建设运营、能效管理平台建设运营、用户电力需求侧相关增值服务及城市（园区）智慧能源运营等各类智能化能源服务，为供电系统较难覆盖的"最后一公里"供电末端提供解决方案，现已有 500 多家上线用户。

制造业数字化形成一批试点示范项目。在工业互联网方面，目前全区已建成国家级工业互联网行业平台 1 个 [中国兵器工业集团一机集团包头市万佳信息工程有限公司（以下简称"一机万佳"）的协同制造平台]，自治区级平台 10 个。其中，一机万佳在全国范围内拥有注册会员企业 1.4 万家，联网设备 602 台，2019 年申报的"包头装备制造产业聚集区工业互联网平台试验测试环境建设项目"中标国家高质量发展专项工业互联网创新发展工程项目，获国家资金支持 5000 万元。伊利婴幼儿奶粉生产网络化改造、煤易通科技公司煤炭智慧运销平台入选工信部工业互联网示范项目。在智能制造方面，推动了中蒙药、农畜产品加工、煤化工、电解铝、铁合金等优势特色产业转型升级。积极争取国家智能制造试点示范项目。截至 2019 年底，全自治区已建成智能工厂 15 个（其中国家级 8 个）、智能车间 36 个。

贸易物流、金融服务探索数字化转型。货车帮建成了内蒙古公路物流信息平台，航天信息建成首家省级食药监大数据中心，京东“亚洲一号”智能物流园的建成将辐射内蒙古地区的智能物流配送体系，蒙牛全球电商大数据应用平台实现大数据在数字化营销环节的深度应用。中国银行内蒙古分行与包头市合力建设的一体化数字金融平台“鹿城之窗”，形成了“互联网＋政务服务＋金融服务”综合服务体系。

电子商务规模化、集聚化、特色化发展。2019 年，内蒙古电子商务交易额突破 3000 亿元，同比增长 17%。呼和浩特获批国家跨境电子商务综合试验区，成为全区电子商务中心城市，交易额占全区 40% 左右，和林格尔新区跨境电商集散地初步启动运营。一批深耕细分领域的本地电商企业快速成长，带动内蒙古特产加快走向全国乃至国际市场。电商扶贫取得显著成效，共有 4 个案例入选 2019 年全国电商精准扶贫典型 50 佳案例。

数字文化领域孕育创新型企业。内蒙古蒙科立蒙古文化股份有限公司（以下简称“蒙科立公司”）作为少数民族软件自主创新企业，研发的蒙古文数字字库字体已占市场 70% 的份额，且自主研发了蒙药方剂数据库系统、公安网安蒙古文互联网信息动态感知公共服务平台等产品。网智科技以舆情大数据服务为核心，建成蒙文舆情系统，对蒙古文网络舆情动态实时监测、分析社会矛盾、发现苗头性信息，为政府部门对该领域工作的开展提供保障。安达文化传媒建成草原文化数字化创意资源平台，创新传承方式，展示蒙古族优秀文化遗产。

远程医疗、远程教育体系逐步建成投用。呼和浩特市已建成全民健康信息平台和妇幼健康、免疫规划、全员人口等相关业务，实现了与辖区内 8 家自治区级医院、5 家市级医院、9 家旗县区级医院和全部基层医疗卫生机构信息管理系统的互联互通和数据共享。巴彦淖尔市中小学建设“同频互动课堂”，实现了学校至旗县区到市级的互联互通，开展在线观摩、评课，打造名优示范课，为偏远旗县区学校提供了优质教学素材。

（四）数字产业化初步启动

软件和信息技术服务业具备一定的发展基础。自治区鼓励支持软件企业设立技术中心，目前已累计认定自治区级软件企业技术中心 7 家，带动了全区软件业创新发展。推进以内蒙古软件园为主的软件园区发展，引导软件企业、系统集成企业向园区集聚。2019 年，内蒙古软件和信息技术服务业企业业务收入达 24.78 亿元，同比下降 1.3%。

新兴数字产业开始布局。内蒙古依托大数据资源优势，吸引国内外人工智能和大数据龙头企业在内蒙古发展分支机构。截至 2019 年底，自治区级大数据重点实验室达到 5 家、工程研究中心达到 8 家。与微软合作的自治区首家大数据、人工智能应用孵化基地入孵签约企业达 17 家，促进了先进人工智能技术向内蒙古产业应用的迁移。百度创新中心在乌兰察布投入运营，将加快人工智能技术在内蒙古的孵化转化。旷视科技在和林格尔建设了人工智能超算平台，为我国人工智能技术的发展提供重要支撑。一些呼叫中心正采用人工智能辅助技术，提高智能化服务能力。此外，北斗信息综合服务平台已落户呼和浩特赛罕区；和林格尔新区正在打造国内首个建筑信息模型（BIM）产业集聚区，依托高校、企业联合培养 BIM 技术人才，力争成为 BIM 技术服务输出基地。

（五）数字政府和数字社会建设全面推进

数字政务体系的整体架构已经建立。目前自治区初步构建了“2+4+N”的政务信息系统架构，“2”即政务内网和政务外网的网络基础设施，“4”即政务外网平台、政务内网平台、“互联网+政务服务”平台和非政务信息汇聚平台，“N”即部门业务及协作信息系统。目前自治区本级32个部门的845项政务服务事项实现网上办理，网上可办率达到90.7%。自治区已建成政务信息资源共享平台和“云上北疆”大数据云平台，编制发布了12个盟市、57个自治区部门单位4251个政务数据资源目录，共46808个信息项。此外，还建成了政府部门涉企信息交换平台，开展了“多证合一”等信息服务。

生态监管数字化体系初步构建。自治区生态环境厅为保障环境监测数据的稳定传输，从2008年起开展全区环保专网搭建，形成“生态环境部—自治区—盟市—旗县—企业”的五级环境保护专网；作为内蒙古自治区大数据基础设施统筹发展类综合试验区的“云计算产业发展示范基地”，从2014年起租用联通环保云资源用于各类网络监测数据的实时计算，还将继续扩容；于2016年被原环境保护部列为全国生态环境大数据试点单位，启动生态环境大数据建设工作，目前已在重点区域（乌海及周边地区）、重点行业（电力行业）、重点湖泊（“一湖两海”）以及大气、水污染防治攻坚战等方面试点开展了生态环境大数据分析应用。此外，自治区现已建成生态环境大数据管理平台，实时监测城市环境空气质量，开展重点区域、重点行业、重点流域环境监测和承载能力分析，荣获首届数字中国年度最佳实践成果奖。

国土空间、自然资源领域积极推进数字化创新应用。自然资源厅利用卫星遥感影像技术进行地质灾害的应急（评估）、土地利用（规划）监管、自然资源执法监察、矿产资源评价、生态监测等，具体利用该技术的成果有十余项；利用InSAR干涉雷达技术对地表沉降预警、地质灾害多发区域沉降监测，滑坡易发区变形监测，目前已对和林格尔新区、包头市主城区、鄂尔多斯市进行地表沉降筛查。

智慧城市、社会综合治理数字化显著进步。近年来，自治区智慧城市快速发展，建成本级视频共享平台、视联网本级应用平台、安全接入系统、全区社会治安综合治理信息平台、网络舆情与态势感知平台等，大幅提升社会治安、反恐维稳、侦查破案、应急处置、舆情管控等能力。各盟市积极推进智慧城市建设，其中呼和浩特市建设了平安首府管理与指挥平台，完成全市视频监控联网整合平台，实现人脸识别、车辆轨迹、人口轨迹等功能；数字城管系统和城市管理智慧中心系统可进行巡检案件处置，功能包括案件信息、处置流程、现场图片、统计报表等，并接入 12319 热线。呼和浩特交通枢纽指挥中心接入了出租车、客车、网约车等 GPS 数据，交通管理智慧中心实现了车内视频接入、车辆轨迹统计、交通路况实时监测、交通实战指挥、公交调度等功能。

公共服务数字化基本实现全覆盖。自治区积极进行智慧社会建设，建成自治区教育管理平台和教育公共服务平台，实现对学校、教师、学生数据的多维度管理，实现名师、优质课堂的网络无缝对接。上线自治区全民健康信息平台，电子健康档案人数达到 2030 万人，建档率达到 81%，大力推行电子健康码应用，逐步实现实名制就医、公共管理和健康服务“一码通”。率先在全国建成人社云平台，汇集相关数据，可在线办理 50 余项业务。

数字扶贫为全面建成小康社会做出重要贡献。自治区精准扶贫大数据平台投入试运行，开展了贫困人口建档立卡和动态调整工作。自治区积极推进网络扶贫工作，其中支持农产品电子商务平台项目 10 个，总投资 61340 万元，安排资金 8320 万元，农产品物流仓储、农村电子商务平台等项目成功落地，农村网络基础设施建设工程全面铺开，打开了农产品、蒙中药材等市场销路，提高了产品的市场竞争力。

数字公益事业开展了有益探索。自治区持续发展数字公益林，依托“蚂蚁森林”等示范项目，通过网络渠道筹集内蒙古绿化资金。加强对造林项目的中长期监督管理，提高资金利用效率，加大网络宣传力度，吸引国内外绿化公益基金投入共建。

二、主要问题和差距

（一）基础设施建设滞后

内蒙古地域辽阔，开展同等功能的数字基础设施建设所面临的投入要高于全国大部分地区。内蒙古是 8 个国家大数据综合试验区中最后一个获批建立骨干直联点的试验区，路由迂回、时延大、丢包率高、网间通信质量不高，需要加大骨干网络建设的投入。此外，工业互联网标识解析应用和二级节点建设尚未起步。这些基础设施的短板形成了数字经济的网络瓶颈，制约了已建成的其他设施网络化、规模化运营，不利于内蒙古接入全国大平台大网络、分享全国数字经济的红利，因而阻碍了内蒙古实现发展数字经济的后发优势。

（二）数字政府建设水平有待提升

数字政府是内蒙古作为后发地区发展数字经济的突破口，但是内蒙古数字政府建设仍存在诸多问题。根据中国软件评测中心主办的 2019 年中国数字政府服务能力评估结果，内蒙古自治区政府的数字政府服务能力处于第三档“发展”级别，与北京市等处于第一档“优秀”级别的地区差距显著。一方面，内蒙古各级政府和各政府部门信息化分散建设、重复投资现象普遍。另一方面，不同层级政府和不同政府部门间数据整合进展缓慢，相应业务流程、数据标准缺乏统筹规划和统一规范，导致网络难互联、系统难互通、数据难汇聚。不少审批事项实现网上办事后，跑腿次数、重复提交材料数并未显著减少，真正实现全流程网上办理的事项较少，尤其是项目投资审批环节多、效率低的问题还比较突出，企业和居民的获得感不强。

（三）产业数字化的内生动力不足

内蒙古企业主动开展数字化建设的意识普遍不足，传统产业数字化升级改造的潜力并没有得到充分释放。以工业互联网为例，截至2019 年底，内蒙古全区登云企业仅一万余家，而浙江省登云企业已超过 30 万家。由于数字化发展理念的滞后，在中小企业特别是制造业中小企业方面，内蒙古的竞争力已远远落后于沿海地区。

目前，内蒙古农牧业、乳业、旅游业等具有特色和区域比较优势的产业并没有与新一代信息通信技术深度融合。这些产业中存在数据资源没有充分利用而且应用范围不广、应用场景不多的问题，“互联网 +”“智能 +”等数字经济发展战略尚未落地，未能基于网络平台开展商业模式创新，对企业效率提升和实体经济带动作用不强；能够覆盖全行业的自治区级平台较少，企业通过数字平台组团展销、抱团发展的意识和能力较为缺乏。在内蒙古能源、化工、冶金等支柱产业中，尽管有部分龙头企业实施了数字化试点示范项目、搭建了行业平台，但对外辐射带动能力不足，未能形成以点带面的全行业数字化发展势头，其项目投入难以得到规模经济回报，也难以支撑企业再投入进一步的研发升级；一些企业采用了先进的数字化技术，改造了生产流程工艺，但对于外部数字化服务商的依赖较大，还未将新技术新工艺内化为企业自身的核心竞争力，无法对外提供解决方案服务。

（四）数字产业生态尚未形成

内蒙古数据中心的硬件设施已经达到全国领先水平，然而，内蒙古数字经济就业岗位增速缓慢，2019 年数字经济劳动力需求仅占所有职位的 16%，是全国最低的几个省区之一。总的来看，内蒙古数字产业化的生态尚未形成，现有的大数据算力优势并没有转化为产业优势，大数据产业配套不完善，向大数据应用产业链的延伸不足。同时，数字经济基础研究、关键技术产品研发和应用创新能力薄弱，缺乏支撑数字产业化的创新生态。

（五）缺乏数字经济龙头企业的牵引带动

一个地区数字经济的发展，需要有实力强大的龙头企业，带动区域产业链的供给侧结构性改革。内蒙古重化工业、畜牧业等传统产业已经形成了一批龙头企业，具有较强的引领和带动作用。但是进入数字经济时代，内蒙古传统产业的龙头企业尚未将优势向数字经济领域延伸，本地也没有培育出全国知名的数字经济龙头企业。无论在传统产业还是新兴产业，内蒙古缺乏能够推出标志性数字化创新应用、带动全区数字经济发展的龙头企业。在中国科学院《互联网周刊》、中国社会科学院信息化研究中心、eNet 研究院联合发布的《2019 数字经济创新企业 100 强》榜单中，没有一家内蒙古企业上榜。

三、存在的主要制约因素

（一）尚未形成有力的统筹推进机制

数字经济的发展需要以顶层设计为牵引，构筑顺应新一轮科技革命和产业变革的体制机制。目前，自治区政府对于基层政府推进数字经济发展缺乏考核制度，对各产业数字化发展状况缺乏评价体系。由于缺乏自治区的总体布局、全面统筹，各盟市在推进数字经济发展的过程中并未实现高效协同，出现了同质化竞争和过度建设的现象。例如，呼和浩特、乌兰察布、鄂尔多斯均把建设大数据中心作为发展数字经济的重点，未能形成专业化集聚的布局，仅依靠成本优势开展竞争。最后，数字政府统筹规划、建设、管理的体制机制尚未形成，打破数据壁垒、推动数据资源共享的职责分散在工信厅、政务服务局、大数据管理局等不同部门，统筹协调难度大，未能有效形成合力。

（二）可用于数字经济的专项资金不足

在中西部地区，由于产业规模不足、企业基础薄弱的原因，数字经济发展初期必然面临大量资金投入、较小投资回报的问题，需要坚持发展到一定规模后才能形成显著的经济效益。内蒙古目前正处于新旧动能转换期，财政收支矛盾突出、化解债务压力大，难以大量投入数字基础设施建设，制约了数字经济的发展。以产业发展为例，目前内蒙古工信厅用于产业发展的资金每年还不足 1 亿元，相比之下，贵州尽管 GDP 低于内蒙古，数字经济规模与内蒙古基本相当，但贵州工信厅的产业发展投入达到 14 亿之多。尽管内蒙古一些优势产业的龙头企业看到了数字化发展的重要性，目前也得不到足够的支持，难以打造行业平台，因而难以成为我国数字经济的领军企业。新冠肺炎疫情发生后，各地财政普遍面临减收增支的巨大压力，内蒙古作为能源资源型省区还面临着能源价格下降、高耗能产品需求下滑的冲击，财政收入就面临更大的下降压力。在这一时期推动数字经济加快发展，就更需要勇于改革创新体制机制，更充分地调动市场力量。

（三）金融支持数字经济的力度薄弱

数字经济的创新性，决定了数字经济的发展必须依靠金融支持，特别是长周期的、风险承受度高的资本支持。内蒙古缺乏具有较强竞争力、能够深耕本地市场、将内蒙古本地资金充分运用于本地产业发展的大型区域金融机构，相当一部分民间资本外流其他省区。一些龙头企业开展融资活动主要依靠自然资源开采权益、固定资产，数据、数字知识产权等数字资产的金融属性还未得到开发。由于创新型中小企业较少，风险投资类金融机构普遍不重视内蒙古业务，致使一些开展数字化服务的企业得不到有效的资金支持。

（四）缺乏集聚高层次人才的软环境

发展数字经济需要从供给侧推动创新，对人才的数量、质量都提出更高的要求，但是内蒙古能够承担数字化发展使命的领军人才极为匮乏：一是由于本地高等院校、职业院校、科研院所、企业培养人才能力有限，本地培育的高层次人才长期外流，不断培育和留住人才的良性循环尚未建立；二是由于区域龙头企业分布在呼包鄂等不同城市，不同领域高层次人才之间的人缘人脉网络紧密度有待提高，尚未形成紧密协作、跨界融合的相互吸引力；三是从产业生态、职业发展、生活条件、优惠政策等各个方面来看，内蒙古对外来人才的吸引能力不足，除对口帮扶机制外，尚未形成稳定的人才流入渠道。

（五）数据中心优势难以在短期内转化为产业发展动力

从数据中心的规模看，内蒙古目前是我国计算存储能力最大的省区。但从数据中心的用途看，相当一部分数据中心主要用于冷备份，既不能实现“西数东送”的意图，也未能支撑本地应用发展。一些数据中心并未在内蒙古建立企业实体，无法直接为内蒙古贡献财政收入。从全国层面看，我国的云计算存储产业已形成一定规模，但中西部的市场处于培育期，云计算的营销、服务体系仍侧重于东部发达地区；大数据产业化发展仍处于探索阶段。从自治区内市场看，内蒙古产业数字化对计算存储的需求相对不足，目前缺乏能够将产业数字化需求逐步转化为数字产业的本地企业。

第四章

内蒙古培育发展数字经济的总体思路

一、指导思想

以习近平新时代中国特色社会主义思想为指导，深入贯彻党的十九大和十九届二中、三中、四中全会精神，深刻把握党中央、国务院关于发展数字经济的决策部署，积极融入以国内大循环为主体、国内国际双循环相互促进的新发展格局，立足内蒙古新旧动能转换、产业转型升级和高质量发展的现实需求，运用“互联网 +”“智能 +”等手段，以“数字内蒙古”建设为核心，以“数字政府”建设为先导，以“产业数字化”为主战场，带动“数字产业化”，加快经济社会各领域数字化转型步伐，推动国家大数据综合试验区建设，促进数字经济深入发展，全力打造“塞上数字高原”，为自治区高质量发展提供有力支撑。

二、发展定位

——全国领先的算力中心。强化内蒙古数据中心在核心技术、运维成本、装备保障、服务体系等各环节的综合竞争力，建设服务于首都核心职能的云计算存储基地和超算中心、服务“一带一路”的国际数据港。

——国家能源经济数字化示范区。在全国范围内率先尝试探索建立能源开发、输送、利用、交易、监管的全方位数字化平台，为内蒙古建设国家现代能源经济示范区提供先进的数字技术保障，提高能源转化效率、新能源利用率，为保障国家能源安全作贡献。

——生态环境数字化综合治理示范区。综合运用5G、卫星测控等技术，建立泛在互联的生态环境数字化监管网络，形成“山水林田湖草”全覆盖的保护与治理体系，支撑我国北方重要生态安全屏障建设。

——具有内蒙古优势特色的数字化转型先行区。运用智能技术促进农牧业、乳业、矿山机械、新材料等优势特色产业转型发展，创新发展数字化服务业，进一步提升蒙文、蒙中医药数字化水平，探索适应于内蒙古发展特点的智慧城市、智慧乡村建设模式及数字化社会治理体系。

三、基本原则

——政府引导、统筹推进。以数字政务为切入点，对接国家顶层设计，坚持全区一盘棋，调动各方面积极性，发挥集中力量办大事的显著优势，促进各地发挥自身比较优势的同时，保持整体步调一致、资源集约、协同发展。

——创新驱动、市场思维。充分借助数字经济的新理念、新技术，增强内蒙古的创新驱动发展能力。以应用创新为主体，带动基础创新。尊重数字经济发展的客观规律，以市场思维谋划数字基础设施建设方案，积极调动市场主体的参与，做到短期见成效、长期可持续。

——突出特色，以点带面。以内蒙古优势产业的数字化为重点，突出内蒙古数字经济的特色。以产业数字化试点示范企业和项目为突破口，加快先进数字技术在内蒙古部署应用，催生具有内蒙古特色的数字产业新增长点，激发新兴数字产业发展活力。

——开放合作，共建共享。积极引进国内外龙头企业，接入国家级大平台，全面融入全球数字经济分工体系，促进数字经济发展思路、数字社会治理理念与国内外领先地区接轨。优先发展带动就业能力强的数字产业，提供普惠型数字服务。加强数字经济领域的政企协同，开展“以数招商”。充分借助外部投资开展项目建设，实现投资方与内蒙古互惠双赢。

四、战略目标

到2025年，内蒙古数字经济发展各方面取得显著进展，总体水平跻身中西部地区先进行列，重点领域有突破性亮点，有力支撑经济社会发展和治理能力提升，初步建成“塞上数字高原”。

——数字基础设施进一步完善。国际互联网接入服务质量接近于发达经济体水平，专用网络完全满足国家级算力中心需求，5G移动通信基本普及，各盟市智慧城市和智慧交通基础设施基本完善。

——建成标准化、服务型数字政府。全区数字政务平台全面建成，数据壁垒、信息孤岛现象基本消除，政务审批事项网上可办率达到95% 以上，营商环境达到全国中上游水平。

——全面建立数字化应急公共服务体系。城镇、村庄、矿区全面接入应急通信网络，形成覆盖全区的自然灾害及安全生产事故智能化监测预报体系，传染病、动物疫病数字化防控体系更加完善。

——数字经济与传统产业融合程度进一步加深。企业普遍完成信息化改造，行业龙头企业引领智能化发展。数字经济占 GDP（国内生产总值）比重力争达到 35%，超过西部地区平均水平，与全国平均水平的差距比 2020 年缩小 5 个百分点。

——数字产业重点领域实现突破性进展。在数据中心基础上发展高附加值产业，云计算大数据、人工智能、地理信息、软件服务等细分产业分别形成竞争优势，数字产业的新兴增长极作用初现。

——成为"数字丝绸之路"重要枢纽。更好发挥"丝绸之路数据港"优势，建立数字经济领域的国内外合作网络，更加凸显内蒙古在"一带一路"、中蒙俄经济走廊建设、京津冀协同发展、黄河流域生态保护和高质量发展等国家重大区域战略中的地位和作用。

第五章

内蒙古产业数字化的主要发展方向

在农业、工业和服务业广泛运用信息化、智能化技术，实现产业升级的进程，可概括为产业数字化。其中，农业数字化的发展前景十分广阔。种植、养殖过程的数字化是科技型农业的标志之一，而农产品生产与加工业的一体化、数字化，已成为农业现代化的必然趋势。工业数字化具有较高的科技含量，是全球产业数字化竞争的焦点。服务业数字化的进入门槛较低，创新应用十分活跃，金融、传媒、商贸零售、交通物流、教育、医疗等不同行业形成了各具特点的数字化发展路径。

产业数字化是数字经济的主体特征、现代化经济体系的重要标志，也是内蒙古扩增数字经济规模的关键所在。产业数字化涉及国民经济的各个行业，具体路径包括提供数字化的产品和服务，数字化的需求分析、研发设计、生产工艺、服务流程、运营管理、市场营销、销售供应等等。内蒙古产业数字化需要在各个行业及时跟进全国乃至全球的产业数字化发展趋势，并且在内蒙古的优势产业领域探索新路、形成特色，实现引领发展。

一、农牧业数字化

（一）完善农村牧区数字化基础服务体系

加大农村牧区数字基础设施投资力度。持续实施宽带网络进村入户工程，降低乡村地区网络资费。应用5G、高速无线局域网等技术搭建嘎查村公共网络，实现普惠网络服务。进一步完善偏远地区4G网络覆盖，补上偏远地区道路沿线的断点盲点。以政企共建的方式，将在线政务服务终端延伸到基层，并在嘎查村设置公益性智能终端，为低收入农牧民提供上网服务，满足电商物流、远程教育、远程医疗等基本需求。

进一步提升农村电商及物流服务质量。持续推进电商物流基础服务下沉，对交通物流欠发达地区的物流服务费用实施专项补贴政策，畅通消费品下行和农畜产品上行的电商渠道。支持物流基础设施薄弱的旗县、较偏远的乡镇苏木投资建设物流服务站场，并与电商平台合作，开设乡镇电商集市，以就近拼单、批量换购分发等方式，促进农村之间农产品流通的线上化。鼓励村集体企业、农牧民创办线上线下一体化的农畜产品销售公司、终端物流服务公司，接入各大电商物流企业、互联网社交平台，完善最后一公里的销售运输配送服务。

（二）提升农牧业生产销售全过程数字化水平

加强农牧业生产物联网体系建设。在有条件的地区建设标准化大棚、数字化农场，安装智能监测设备，连接专家系统，综合运用地面观测、物联网、无人机、遥感和地理信息技术等，加强对农牧业生产过程中各类数据的采集和分析。对种植业生产环节中所涉及的气候、土壤等条件进行实时监测和分析，实现智能化浇灌、施肥；对饲养牲畜的生长情况进行实时监测，提高科学化管理水平。

专栏3　　农业物联网企业案例——海芯华夏互联

内蒙古海芯华夏互联农业科技有限公司主营业务为农业物联网、设施农业大数据平台运营、农村信息服务等。

企业依托物联网设备实时采集农作物生长环境参数（空气温度、湿度），通过微信小程序为农户提供温湿度远程查看、高低温告警等功能服务，结合农资团购、价格行情、专家在线、记账本、果树需冷量计算等高黏性的平台服务，可获取农户设施种植根数据，从而形成设施农业时空生产地图；通过对农作物时间与空间的分布掌控，指导农业种植，解决农产品在投入端与产出端的供需不对称，实现产出端与市场端的紧密咬合，与农业产业链条的最大匹配，最终打造农业产业互联网生态。

截至2019年6月26日，在全国安装设备总数9566台，覆盖7671栋大棚；统计出全国各类农作物设施种植面积4.6万亩。移动端（小喇叭、尚坡）注册用户68120户（访问用户11.3万户），农资经销商注册1247家（仅寿光地区），日交易金额达3万元，上线三个月内累计交易额达160万元，平均每单106元。

资料来源：内蒙古海芯华夏互联农业科技有限公司。

拓展种植、养殖环节的大数据应用。运用数字技术支撑现代农牧业绿色发展，以旗县为单位建设绿色种植养殖管理评估系统，引导农牧民集约使用各类生产要素，降低灌区耗水和用肥量，保护天然草场生态。以乳业、肉、羊绒、马铃薯、蔬菜、粮油、草业等特色优势农牧业产业为重点，大力推动种苗大数据、土壤环境大数据、气象大数据在种植养殖决策、农资投放、灾害防治等各生产管理环节中的应用，提升可持续发展能力。

收集汇总、科学应用农业市场大数据。在呼和浩特（和林格尔）建设自治区农牧业大数据交换共享平台，实施农牧业资源、环境、产品、价格信息精准监测。通过农牧业产业链大数据平台的建设，对农情、牲畜、植保、耕肥、农药、饲料、疫苗、农机作业、农畜产品价格等农牧业相关的成本和市场数据进行实时监测与分析，引导企业和农户、合作社科学地组织农牧业的生产，提高内蒙古农产品贸易商、期货交易商和生物质能源企业对农产品价格的预判分析、议价定价能力。

完善农产品在线销售和智慧物流体系。培育形成根植内蒙古、具有一定规模和影响力的特色农产品电商网络，提高农产品物流效率，扩展销售范围，对接市场信息，形成按需生产、规模经营优势，降低农牧民面对的市场风险。结合农产品市场供需、物流调度情况，建立生鲜产品智慧物流体系，降低库存和运输中的损失。

专栏4　　农业电商园区案例——磴口县农产品电商产业园

巴彦淖尔市是内蒙古乃至全国的重要粮食瓜果等农作物产区。近年来，巴彦淖尔市磴口县委、县政府高度重视农产品电子商务产业发展，成立了由县委书记挂帅，政府县长任常务副组长的电子商务进农村专项推进领导小组，制定了电子商务产业园区项目建设方案、电子商务进农村工作实施方案等一系列规划措施，从2016年下半年开始充分利用河套大市场的闲置建筑和仓储，投资8560万元，于2017年6月建成了占地面积2.2万平方米的电子商务产业园。

园区配有电子商务办公基地、网商服务中心、培训交流中心、创业孵化中心、视觉营销中心、特色产品展示中心、农产品检验检疫中心、仓储物流中心、农业大数据中心、党群服务中心等功能，并建有餐饮、住宿、商务休闲吧等生活配套设施，集电商办公、人才培训、产销对接、仓储物流、金融支持、餐饮休闲等功能于一体。

截至2019年9月，电商产业园共有企业28家，创客团队52人。1—9月份，电商园区网上交易额达到8000万元，力争到2019年底实现网上交易额达到1.2亿元。

磴口县电商产业园为降低成本，促进本地农产品电商的发展，采取了以下四项措施，保证服务：

一、升级改造产品包装，避免繁琐售后

电商办通过举办“华莱士瓜包装设计大赛”，征集到一批思路新颖、创意个性、实用性强的包装设计，同时通过使用气柱袋、网套、珍珠棉等改进纸箱厚度和尺寸的方法，新设计制作华莱士瓜、长山药、葵花子、有机大米、火参果等网货包装纸箱12款，印刷精美的图案、文字、商标，不仅能吸引更多的顾客，而且使产品附加值也有所提升，彻底解决了包装易损坏的问题。

二、多方洽谈物流资费，降低物流成本

电商办多次与县内各类物流快递公司洽谈协商，阐明电商产业园的集聚效应和市场前景，最终与邮政公司达成集团大用户协议价，10斤以内6元左右包邮全国主要城市，大大降低了物流成本，得到了园区企业、创客和周边网销农户的一致好评，本地特色农产品线上销量逐步增加。

三、广泛对接各方资源，实现O2O线上线下融合发展

一是平台资源对接方面。磴口县被国务院批准为“华莱士蜜瓜之乡”，2019年磴口县华莱士瓜迎来大丰收，种植面积达3000亩，通过线上销售华莱士瓜60万斤，解决农户卖瓜难的问题，同时创造更高利润。二是线下资源对接方面。电商办通过与县邮政公司深入沟通协商，最终商定了每期采购30000～50000斤华莱士瓜的“落地配”线下订单项目。三是旅游资源对接方面。为了扩大游客在本地的消费，给游客带来更好的购物体验，电商产业园将800平方米的特色产品展示中心升级改造为游客购物集散中心，实现了游客线下实物体验，线上购买消费的O2O新零售模式。同时，通过与圣牧高科、NPO绿色生命组织、兵团老战士的对接，每年电商园区可迎来超过1万人的观摩考察和购物体验。

四、电商培训及创客孵化工作进展有序

电商培训累计32期2640余人次，累计在淘宝网开设本地特产网店20个，2019年1至9月份，园区创客团队线上销售额达1000万元。

资料来源：国研经济研究院根据有关媒体报道、宣传材料整理。

（三）研发应用先进的农牧业智能技术

推进人工智能技术在良种选育中的应用。在农作物、牲畜生长繁育过程中采集海量图像信息，运用人工智能技术进行识别分析，并与动植物良种基因大数据进行关联匹配，确定优势品种、品系在各个生长阶段的外观特征，加快选育高品质、高产、抗病品种。采用深度学习等技术，对良种基因大数据进行深入分析，准确评价基因育种成果并指导未来的育种方向，逐步实现低成本定向育种。

加强对农畜产品营养成分的智能化分析鉴定，增加优选高品质农产品供给。采用图像模式识别技术，鉴定肉类品质，为高端肉食品提供二维码标识，在线展示肉质成分分析报告。不断改进乳业的原奶采集分析系统，建立完善全面的数据库，长期追踪不同供应商的产品质量，进行对比分析，帮助养殖企业、养殖户找到提升原奶品质的方法路径，从而提升原奶的整体品质稳定性。针对高端乳制品，建立严格的营养成分分析系统，从原料投入端强化产品质量。研发先进技术，加强骆驼奶、马奶、羊奶等小品种的分析检测，在阿拉善、锡林郭勒盟等地分别建设特色畜产品质量检验中心，提炼形成营养成分分析报告，并加强对营养价值的在线宣传。

发展动物疫情智能化监控和智能化检验检疫体系。在大规模圈养基地建立视频采集分析系统，通过对动物行为的观测积累，确定各类疾病的表观特征。通过智能分析，及时发现病患个体，在疫病早期发展阶段及时干预。开发运用智能化检验检疫体系，提高检测效率，降低检测成本，提升食品安全保障能力。

（四）建设农畜产品可追溯体系

设计体系完整、经济效益突出的农畜产品可追溯体系。建立贯通智慧农牧场、食品加工企业、冷链物流企业、电商及批发零售企业的农产品信息追溯体系，提升内蒙古绿色生态农畜产品及其深加工产品的附加值。从种植养殖过程开始采集农畜产品生产信息，并加入区域生态环境信息，使农产品信息充分反映其绿色生态附加值。将呼和浩特（和林格尔）打造为内蒙古农畜产品追溯信息中心，并在北京、上海等地设立技术研发和商务运营机构。

完善溯源体系的硬件系统建设，实现多系统间的数据共享。促进不同生产环节信息进行转换、融合和挖掘，实现食品安全追溯信息管理，完成食品供应、流通、消费等诸多环节的信息采集、记录与交换。依靠市场监管部门监督执法体系，实现质量检验、市场监管、免疫防疫等数据共享机制，利用农牧业生产、收购、贮藏、运输等环节的数据，加强农畜产品质量安全全程追溯，实现追溯信息可查询、来源可追溯、去向可跟踪、责任可追究。

提升终端消费者对溯源体系的认可度。在生产过程中，为提升产品品质，实现产品价值的提升，应推行绿色、有机生产，鼓励支持有条件的基地参与“三品一标”、SQF（食品安全质量）等质量认证。通过可追溯系统，形成覆盖全生产环节的质量保障体系，最终将品质信息传递给消费终端，使消费者认可农畜产品的品质价值。

（五）促进农畜产品知名品牌的在线宣传推广

重点打造具有内蒙古地理标识的农畜产品知名品牌。以“蒙字号”为统领，综合运用传统媒体和新媒体渠道，加强对内蒙古知名农畜产品品牌的整体宣传推广。支持鄂尔多斯、锡林郭勒盟、呼伦贝尔、河套、阿拉善等地理品牌的线上宣传，组建专业的网络营销团队，精心制定知名品牌的社交媒体推广方案，采用网络搜索优化、软文营销、网红营销等方式，加强品牌的口碑效应，赢得国内市场普遍认可，逐步走向全球。

突出品牌特色，合理选择在线销售平台和商业模式进行推广。结合产品类型、目标市场，以及主打产品的产量、季节、特色等，选择不同的渠道和商业模式。例如，针对名优产品、全国市场，选择主流电商平台、特色农畜产品品牌店铺的方式进行推广。偏远产地的产品、大量同质化产品则可通过对接团购平台的方式推广。具有情怀故事和创业者个人色彩的，或以小而精、小而美为特色的产品可以通过众筹模式进行预售。

采用数字化技术，加强对知名品牌的授权管理。对于公共地理品牌的建设，建立统一机构进行品牌的授权监督、运营管理，做到一个地理品牌只有一个“出口”。对产品加贴数字标识，采用二维码验真、区块链溯源等技术手段，实现去伪存真，提升品牌价值。

专栏5　天下黄河，唯富一套——巴彦淖尔“天赋河套”地理品牌的打造

位于北纬40度农作物黄金种植带的巴彦淖尔市，拥有得天独厚的农业资源禀赋，产出高品质的农畜产品。但是，好产品没有好品牌，高品质却带不来高收益。为改变这些绿色、有机、优质农畜产品“藏在深闺无人识”的局面，“天赋河套”农产品区域公用品牌应运而生。

2017年7月，巴彦淖尔市委、市政府提出全力建设河套全域绿色有机高端农畜产品生产加工输出基地的发展思路。2018年1月，巴彦淖尔市政府办公室印发《关于深入推进农畜产品品牌建设的意见》，从加快推进农畜产品品牌战略的意义和目标、品牌培育、品牌运用和保护、保障措施等方面对全市深入实施商标品牌战略有重点、分步骤地进行了规划，为深入推进河套区域品牌建设奠定了基础。随即，市委、市政府专门成立河套农畜产品区域品牌建设和推广专项工作组，专项推进河套农畜产品区域品牌建设和推广工作。

2018年5月10日，河套农产品品牌战略发布会在上海举行，品牌亮相美国纽约时代广场，通过纳斯达克大屏向全球宣布：河套特色优质农畜产品将成为“献给世界的友好食物”。满载着1150吨河套葵花子的巴彦淖尔首列中欧班列从巴彦淖尔市临河区出发，驶向8300公里之外的德黑兰，为内蒙古优质农畜产品通向国际市场打开一扇全新的大门。2018年8月8日，以“天赋河套，世界共享”为主题的世界向日葵产业发展论坛暨向日葵花季旅游文化节成功举办，河套地域品牌和优质农畜产品获八方宾客赞许。同年9月7日，“天赋河套”巴彦淖尔农产品区域公用品牌北京发布会在全国农业展览馆举行。

“天赋河套”农产品区域公用品牌的建设本质上是基于品牌数字化建设的过程。巴彦淖尔市委、市政府在农业生产中着力推进农畜产品品牌化体系、标准化体系、可追溯体系“三大体系”建设，围绕巴彦淖尔优势特色产品，构建以国家标准、行业标准为基础，地方标准、企业标准为补充的巴彦淖尔优质农畜产品标准体系，涵盖产前、产中、产后各个环节。依托农畜产品质量安全追溯平台和食品质量安全信息化追溯平台，全市130家自治区级龙头企业及“三品”企业率先被纳入追溯信息平台，到2019年年底前，全市规模农畜产品生产企业（合作社）将全部被纳入追溯信息平台，实现追溯信息管理全覆盖。

资料来源：国研经济研究院根据媒体报道整理。

（六）以数字技术统筹协调农牧业发展与生态屏障建设

加快生态数字基础设施建设。依托物联网企业、通信技术服务商，在内蒙古广大区域建设基于5G通信的“生态物联网”，实现对生态屏障功能地区和农牧业主产区的生态环境监测全覆盖，以此为基础培育形成环境信息监测服务产业。推进生态环境类数据和应用整体上云，提质增效，降低成本。通过租用高性能服务器，建设生态环保云，降低固定资产投入，减少人员和设备维护更新成本。低成本满足空气质量预警、水环境检测、生态环境高分辨率图像处理等运算要求。

建立基于生态容量数据的农牧业生产布局决策支持系统。运用“生态物联网”收集基础信息，测算不同区域的生态容量，并结合气候气象水文大数据，测算自治区各区域的农牧业承载力，确定各盟市、各旗县区草原畜牧业、灌溉农业的合理规模。研究在呼和浩特（和林格尔）建立自治区农牧业生产布局数字化管理中心，开发智能化决策支持系统，统筹运用生态大数据和农牧业大数据，并借助人工智能技术，对全区农牧业生产布局、经营决策提出动态指导意见，实现生态环境保护与市场效益的兼顾。整合利用卫星遥感、地质地貌、气象水文、生物种群等数据，对全区草场进行划片定级，制定与草场类别相适应的畜牧作业方案，并科学划设禁牧区，动态划设休牧区，指引牧民适时转场或休牧，及时发现各区域的困难牧民并计算发放相应的生态环境补助。

建立涵盖农林牧草业和生态保护区的数字化生态治理体系。运用先进的信息通信技术，对生态环境系统的森林、草原、湿地、荒漠和野生动植物等信息，进行全面采集、存储、分析、应用，提高森林草原防火、森林资源动态监管、自然生态系统修复治理、生态农牧业等方面的智能化水平。在兴安、呼伦贝尔、锡林郭勒、通辽等地率先实现林草业及生态系统数字化监控监测体系全覆盖。

完善北方重要生态屏障的监测平台建设，提升对生态涵养重点地区的生态环境监测分析能力。一是完善数据的搜集和监测基础设施体系建设。安装各类物联网监测设备，提升监测密度，实现百兆光纤入户改造和农网向林网延伸，建设无线通信基站，确保林区草原生态监测数据及时传输，尤其是满足传输图片、视频的高带宽要求。二是推进相关部门、研究机构、企业的相关数据共享，建设结合 GIS（地理信息系统）数据，航空遥感、地面站点等地空一体化的监测网络。三是引入外部技术团队，构建生态环境评价的指标体系，并进一步优化分析模型，在生态环境评估基础之上实现生态预警等智慧化管理功能。

完成自治区生态资本监管测算。基于内蒙古自治区未来发展的整体定位，由发改委统一牵头，协调各部门共同参与，计算内蒙古自治区的经济生态生产总值（GEEP），形成年报。并进一步核算生态资本和生态服务价值，测算内蒙古自治区生态福祉，真正体现内蒙古北方生态屏障的价值，争取国家对北方生态屏障建设的更大支持。同时，探索数字资产获益模式。加强对自然资源和生态环境大数据的归并分析，借助环保咨询服务企业，发展生态产值、生态资本价值测算等产业。

二、采矿业和能源数字化

（一）推广应用智慧矿山技术

在煤炭等领域综合运用卫星定位勘测、卫星通信、物联网、矿业机器人等技术，建设智慧矿山。采取引进技术和自主创新相结合的方式，逐步形成自主可控的矿山智能化解决方案。以市场化机制引导研发能力较弱的中小型煤炭企业，主动接受中央企业投资并购，或在主要矿区开展股权投资合作，加快引进先进的规模化、绿色化开采技术。

大力扶持本地煤炭龙头企业做大做强，并加大智慧矿山技术研发投入，重点在先进智能化矿山机械和机器人制造、采掘作业面无人值守技术体系、矿车自动驾驶、事故灾害智能监测预警等方面，打造“拳头产品”，依靠智慧矿山整体解决方案的对外输出，实现内蒙古矿业资本“走出去”发展战略。

鼓励各盟市竞相发展、比拼智慧矿山技术，在鄂尔多斯、乌海、呼伦贝尔等地分别建成一批具有示范效应的智能化绿色矿山。重点在具有灾害威胁的矿井加快智能化建设，并开展矿区地质情况及生态环境智能在线监测。严格按照绿色矿山建设标准，对新建煤矿进行规划、设计、建设和运营管理；加快已有煤矿的升级改造，逐步达到智能化绿色矿山建设标准。

专栏6　　包钢集团白云矿区智慧矿山系统

包钢集团大力推进信息化技术与生产、管理的深入融合，在白云矿山上组织建设了智慧矿山系统。这个系统主要包括四大功能：

第一部分是5G条件下的无人车辆。露天矿山主要采用矿车和采矿设备，包钢尝试矿车的无人驾驶和采矿设备的无人操作。矿山无人驾驶技术，要比社会道路上的无人驾驶技术相对简单，因为矿山场景相对单一，要解决的问题是如何基于5G控制系统，代替司机去驾驶矿车。除了矿车，包钢还有很多铲车，这些铲车是可以远程操控的，包头冬天外部天气寒冷，用远程操控技术，让驾驶员能工作在舒适的环境。

第二部分是无人机技术的应用。通过无人机测绘，把地理的数据传回来以后进行分析，解决每天要采什么地方、采多少、放多少炮的问题。包钢还建立数字模型，通过数字模型优化采矿过程中的管理；用无人机通过高清摄像，对边坡的情况进行检查，防止出现滑坡事故等，帮助包钢对矿山进行管理。

第三部分是基于前两个系统之上的生产调度系统。基于上面两个系统传送的数据，找出最佳的控制方法，同时监控整个生产过程，对整个调度系统进行优化。

第四部分是安全监控系统。专用于安全生产的独立系统，用北斗系统定位，相当于是第三只眼，去监控矿车的安全系统。

包钢全面上线智慧矿山项目，是企业内生发展的需要。降低开采成本才能提高企业竞争力。依据国家现在对矿车的安全标准，矿车上必须配备工作人员，原来一辆矿车标准配备两人，5G条件下的无人车辆上线后，矿车上只需一人做监控工作，劳动强度大大降低；同时，还优化了路径选择，没有无效操作，油耗大大降低。并且，在冬季零下30多摄氏度进行野外作业，工作环境难以忍受，减少现场作业人员，改善了员工的工作环境。

基于旧矿车改造为无人驾驶矿车难度较大，国际上，包钢智慧矿山项目第一个成熟应用此技术。包钢下一步的工作重点有两个主要方向：一是把项目进一步技术封装，推广，改造国内传统矿车；二是推进无人驾驶技术国家级安全标准制定。

资料来源：国研经济研究院根据包钢集团提供材料整理。

（二）探索智能探矿技术

研究应用地质大数据、矿井大数据，优化内蒙古矿产开采区域和开采结构，提高开采效率和安全生产水平，减少废渣废料排放，推动可持续发展。积极与国家自然资源、应急管理、航天等部门以及相关中央企业开展战略协作，在鄂尔多斯成立智能探矿技术研发中心，聘请高水平创新型团队，综合多学科优势，整合卫星遥感数据、地矿勘探信息、地下水资源信息和地层断裂图谱，分析地层分布情况，构建内蒙古区域的地质地层三维仿真模拟系统，用于矿产资源预测预勘。

引进国内外先进的油气勘探企业，加强内蒙古油气资源的数字化勘探。采用先进的测量传感技术，监测有关矿层的压力数据、气体成分数据等信息，进行智能化分析预测。在勘探掘进过程中，运用重力感应等先进技术，探知矿层结构，构建矿山三维仿真模型，并在此基础上运用人工智能技术，指导掘进作业方向，提高勘探效率。

（三）提升智能电站和智能电网技术水平

持续引进国内外先进的智能电站技术，对内蒙古火力发电厂进行数字化智能化改造，提高能源转化效率，减少运行维护人员，节约运行成本。探索采用先进技术，通过对电站关键运行装置的测量传感，丰富运行参数，进一步提高智能化运行能力。建立自治区火力发电站运行调度平台，实现所有电站运营数据的实时报送和反馈。特别是加强对发电耗煤率、耗水率等关键技术指标的对比分析，开展“奖优罚劣”，并对运行状态相对欠佳的电厂及时提出维修或关停建议，促使各电力企业进一步加快技术改造。

收集整理不同煤炭供应商的煤质信息，形成煤品大数据，用以指导相应的电站技术改造、运行参数动态调节以及污染物吸收回收装置的设定。在电站废水处理和排放设施中安装智能化动态监测装置，定期自动生成污水排放数据报表，提高报告频度。在呼包鄂等环境压力较大地区以及兴安盟、呼伦贝尔等重点生态区域，率先部署基于 5G 通信的空气质量监测网络，加强对电站排放的智能化监测。

立足蒙西电网，学习借鉴中央能源电力企业数字化发展经验，在局部领域谋求创新。紧随国家层面的智能电网建设规划，开展区域智能电网建设。更好发挥电力在线交易平台、智慧电网调度系统的作用，理顺区域电价体系，形成动态定价、按用户分时计价的方式，引导电力用户错峰用电，并将富余的光伏风能发电转入储能电站，或以氢能等形式储存，降低弃风弃光率，并进一步降低新能源汽车运行成本。在包头等具备装备制造业基础的城市，培育本地的智能化能源管理和输配电服务企业，在终端输配电等领域推行智能化服务，并依托远程服务体系，提供能源装备运维、节能服务解决方案。

（四）积极研发应用分布式能源、智能化储能和节能技术

基于内蒙古的地理和气候特点，对小型光伏电站、光伏扶贫项目进行数字化定制设计，优化面板装置结构和阵列排布方式，延长设备使用寿命，提高光能利用率。探索应用 5G 等先进技术，建设风力物联网，对各地风力情况进行监测，汇总形成风力大数据，优化风能发电的位置选择和站场排布。在赤峰、通辽等地探索建设城市分布式能源项目，在城市公共建筑、居民建筑增设分布式发电装置，制定奖补措施，鼓励以自发电能部分替代煤炭、天然气的使用。

发展智能化储能技术，探索结合内蒙古电网特点，建设具有较大调蓄能力的分布式储能网络。研究在赤峰、通辽、乌兰察布等地建设集储水、储氢、蓄电等多功能为一体的智能化储能电站，根据季节、天气动态调整发蓄电方式，提高能源和水资源自给率，为公路物流服务中的氢能卡车提供集中加氢服务。

在地理位置偏远的乡镇苏木探索建设农牧区智能微型电网，形成以光伏风能为主体、基本自给自足，同时以主干电网为调剂手段、以生物质能发电为灾备保障的微型分布式能源网络，降低终端供电成本。

研发应用智能化节能设备、节能装备。依托智慧城市基础设施，安装智慧照明系统，根据对外界环境的感应，自动调节照明状态及亮度。推广智能楼宇技术，新建绿色建筑或改建原有建筑的供暖制冷系统，降低建筑的能耗。依托工程机械等装备制造企业的远程运维体系，实现装备联网运行、远程维护保养，对能耗偏高的装备进行异常分析、检测检修。建设一批智能化的电动汽车共享充换电设备，实行在线预约服务，采取动态电价，合理分配充电时间、降低充电成本。

专栏7　内蒙古产业优势的数字化延伸——青山电器智慧能源云平台

包头青山电器设备有限公司依托在电器行业多年的积累，通过引入技术和自主研发，打造出电力系统大数据云服务平台——青电云。通过对电器设备前端的能源生产、消费和运营设备的数据采集，为电力行业及相关行业提供状态监测、故障预警、运行管控、设备生命周期、任务管理、大数据分析、用能方案咨询、能源交易指数等服务。

依托物联网设备研发与综合大数据平台的发展，青电云的服务范围已经整合各种行业的业务数据，诸如，新能源、电力、水务、热力、燃气、消防、照明、通信、交通、环保、城市微网、城市管廊等。青电云能够提供一站式专业化数据平台服务，可以同时满足100万以上企业用户和政府用户同时使用，能够全面参与城市的数字化治理、城市大脑建设等。

资料来源：包头青山电器设备有限公司。

（五）建设能源在线交易平台

在内蒙古率先探索应用能源互联网方式，解决我国能源体制机制中的难点问题。特别是要围绕能源优化配置目标，推进煤炭、电力在线交易，形成各类能源按市场供需动态定价机制，优化传统能源转化体系，加快新能源对传统能源的替代。

推动更多发电企业和用电企业通过电力交易平台进行直接交易，降低中间环节成本，确保内蒙古能源优惠政策在全区落地。建立自治区电力调度调配网络平台，实时监测全区发电用电情况，智能化制定跨距离输电、运煤和机组启停预案，提高新能源利用率，减少“弃风弃光”。依托供电技术服务等线下渠道，加强对重点用能单位的技术保障，引导更多企业接入能源互联网。

鼓励能源交易中心集约集聚发展，在乌兰察布建成自治区能源交易中心，在通辽、鄂尔多斯分别建设东部和西部分中心，实现蒙东、蒙西电网无缝衔接、智能化输配，畅通能源外送通道。

（六）强化能源行业数字化监管

以强化煤炭生产监督、消费管理为核心，完善现有的煤炭安全生产监管系统、产销量报送平台，加强对煤炭储量及勘探数据、煤炭企业运行数据的收集和分析，动态分析适宜的总开采量，提升指标分配的科学性，淘汰退出小散企业、落后产能。加强与其他煤炭主产区省份合作，以鄂尔多斯为中心共建煤炭在线交易平台和在线监管平台，逐步提高我国煤炭资源的市场化配置水平；将煤电一体化企业内部配置煤炭、长期协议供应煤炭也纳入在线平台，促使隐性补贴和转移支付显性化。整合煤炭和电力行业监管数据，摸清自治区各地、各主要企业的煤炭用量和发电量，探索按照发电企业的能源转化效率，差异化确定煤炭供应价格的创新机制。

在自治区此前建设的智慧能源管理平台基础上，对接煤制油、油气、石化、生物质能、核能等各类能源企业，收集相关信息，建设一个立足内蒙古、未来有望服务全国的智慧能源管理平台，集成节能与能效管理、能源替代与转化效益分析等功能，形成以煤炭市场定价为中心，多种能源市场化比价、有机互补的智慧型能源配置体系。

三、制造业数字化

（一）部署“智慧冶金”整体解决方案

在内蒙古钢铁、电解铝、铜锌冶炼等行业加快应用国内外成熟的智慧冶金整体解决方案，实现冶金行业全面数字化。以完整的企业信息化体系架构为基础，部署智能化生产线，或开展对原有生产线的智能化改造，提高生产环节自动化水平。运用先进的测控传感技术，着力完善整个生产流程的监控反馈体系，逐步建成智能冶金工厂。运用人工智能技术，增强企业在安全生产、质量检验等方面的保障能力。全面接入工业能源管理系统，进行数字化、精细化的能源管理，降低企业能耗，并通过错峰排产等手段节约电费。加大对矿石等大宗商品市场、物流体系、下游需求等外部信息的收集和分析力度，形成金属供应链大数据，从而建立能够辅助企业运营管理的市场预测系统、决策支持系统。

提升企业运用数字技术进行研发的能力，在高性能钢铁、新型合金开发、特种刀具制造等细分领域，尝试使用仿真模拟技术进行性能测试，提高研发效率。探索运用虚拟制造技术，对企业生产工艺进行建模分析，不断改进生产工艺。

大力推进稀土行业数字化。加强对稀土矿产的管理，探索运用区块链技术建立数字化的开采许可证，并追踪矿产品的加工、销售。收集国内外稀土资源分布及市场供需信息，以及稀土材料研发应用情况，形成稀土大数据，为国家稀土产业发展及战略资源储备提供决策依据。推进工业机器人在稀土冶炼加工中的广泛应用，实现安全作业。将包头稀土高新区建设成为以稀土数字化为引领的世界级产业园区、我国智能制造技术研发应用的一流园区。

（二）推进化工和新材料行业数字化精益生产

提升化工和新材料等行业的自主研发水平，逐步实现加工装备自主化。引进国内先进的工业自动化解决方案企业，部署实施智能工厂解决方案，加强生产流程中的指标监测、反馈控制体系，对生产流程单元进行细分化管理，增设监测点、监测项目，增强对生产全过程的精细化控制能力，重点提升安全生产、节能减排、产品质量等方面的竞争力。建立数字化研发测试平台，加快新产品开发进程，并运用仿真模拟、数字孪生等先进技术对生产工艺进行虚拟测试和优化改进。

探索煤化工行业数字化的应用方向，不断改进生产工艺，引进精细化工领域的数字化生产技术，提高煤化工行业的能源转化效率。加强对内蒙古各地煤质成分的分析，形成煤炭品位成分大数据，并以此为根据，优选与煤炭品位成分相适应的煤化工产品及生产工艺，优化煤化工项目与煤炭供给品类质量的匹配。测算内蒙古水资源时空分布图谱，根据地区、季节等因素，研究制定工业用水的动态定价方案，并安装废水成分分析装置，监测废水浓度变化，制定实施精细化动态化的排污费征收标准，从而引导煤化工等高耗水项目合理选址、安装先进设备，尽可能减少耗水，降低高盐废水排放。力争在鄂尔多斯、乌海等地建成全球数字化程度最高的煤化工示范项目。促进石化行业全流程智能化生产，提高生产过程的可视化程度，加强污染排放的智能化监测。探索高分子化合物和碳纤维材料的数字化建模、影像生成及分析技术，提升对产品纯度及质量的控制水平。推动单晶硅、蓝宝石等产业运用数字技术，研究应用晶体结构数字化建模和监测技术，提升产品质量。

（三）提升生物制药和食品加工业的数字化水平

以强化食药品安全、提升产品质量和经济效益为主要目标，在生物制药、食品加工业应用数字技术，改进生产工艺和管理体系。建设现代化生产线，应用国际先进的食药品原料质量控制技术，并改进内蒙古医药中间体、食品添加剂及传统调料产业的生产工艺，达到国际标准，进一步打开国际市场。应用数字化研发技术，开发更多品类的功能糖、辅酶等产品，提高产品附加值。

全面推进蒙中医药产业数字化，收集整理相关典籍资料、民间传统验方，整合形成蒙中医药大数据。在呼和浩特建设蒙中医药现代化研发中心，加强对药品活性成分的分析，提升药品的标准化水平。开展对沙棘、肉苁蓉等保健品活性成分的分析提取，研究采用智能化检定、分别加贴数字标识等方式，明确不同档次、批次产品的营养成分含量，提高市场公信力。加大对滋补保健产品的质检和监管力度，特别是要定期在线公布合规品种和厂商信息，并通过数字化防伪标签，保障真品在市场上流通。

专栏8　内部小微创新带来的巨大收益——河套酒业生产线数字化转型

2018年，河套酒业巴彦淖尔分厂对生产线进行数字化改造。经外部专业服务询价，改造一条生产线的最低报价为150万元。为降低改造成本，河套酒业为内部员工提供了激励机制，企业为内部创新提供研发成本和试错平台，如果能够解决这一问题，企业将给予创新团队一定奖励。几位工程师在丰富的生产经验和对自动化控制技术积累的基础上，快速自学了生产线智能传感设备的使用，利用业余时间和生产线检修停产的机会，验证了自己的创新成果，得到了企业的认可，生产线数字化改造低成本高效完成。在内部创新方案中，如果只计算传感设备的成本，一条生产线的数字化改造成本仅为1.5万元，大大降低了改造成本，也更加适用于企业的生产场景。

资料来源：河套酒业。

（四）在装备制造和电子信息等重点行业建设工业互联网

探索工业互联网共建共享机制，节约并合理分担建设成本。以低时延、高可靠和广覆盖的5G商用网络推广为契机，借助信息技术供应商力量，加快发展工业互联网应用，推动企业向数字化、网络化和智能化转型，搭建战略性、基础性共享平台。既要鼓励互联网巨头与大型制造企业合作建设工业互联网，打造行业标准，又要通过提升工业互联网的便捷度、安全度、柔性度，降低软硬件成本等方式，支持中小企业主动接入，实现整条产业链在研发设计、制造工艺、运营管理的全方位数字化。

在产业链协同效应较明显的汽车、重型机械等产业率先推进工业互联网应用。在龙头企业带动下，以网络化协同制造平台为中心，协调整条产业链的生产管理。围绕呼包鄂等中心城市搭建制造业供应链云平台，在线发布采购需求，吸引配套企业向龙头企业集聚，提高原材料和零部件本地配套保障水平。依托工业互联网收集汇总形成工业大数据，并与市场、客户信息归并分析，为企业提供决策支持等咨询服务。智能制造解决方案供应商、平台服务商可根据工业大数据，汇总分析智能制造、工业互联网的使用情况，不断优化系统平台解决方案。

鼓励内蒙古相关企业在“国家军民融合公共服务平台”等国家级军民融合服务平台参加招标采购，融入先进制造产业链。围绕航天军工、集成电路元器件等先进制造业需求，鼓励央企子、分公司等重点企业率先探索，并在集团内、行业内推动工业互联网应用，带动产业链上下游企业共同接入。在包头、鄂尔多斯、乌海、赤峰等地培育形成工业互联网示范园区，以智能制造应用为吸引点，通过园区产业服务平台提供一揽子工业云服务，推动更多企业“上云”，促进企业将核心竞争力建立在数字化的生产运营、销售服务体系中。运用智能化研发设计平台，系统化地提升企业自主研发设计水平。

专栏9　　一机集团“内蒙古网络协同制造云平台”项目

2016年，内蒙古一机集团打造的“内蒙古网络协同制造云平台”成功上线。该平台是内蒙古打造现代装备制造基地的重要举措，也是“互联网+”模式的创新和探索，项目通过“机床数字化改造升级”“数控机床设备智能联网”“构建开放共享的协同设计与协同制造平台”等系列工程，实现加工制造领域的数字化协同设计、制造、服务等应用。

平台充分发挥了一机集团军工和龙头企业资源优势，整合区内外装备行业设备、人才、技术等工业设计与制造资源，推进加工制造领域的数字化协同设计、制造、服务等应用，构建起军工配套企业工业互联网制造生态链，实现订单需求发布、接单、计划排产、备料下料、生产加工等智能制造服务运营新模式，建立了集资源共享与协同采购、订单交付跟踪、设备大数据分析与预警、运营大数据为一体的上下游产业的协同发展生产系统平台。2018年，平台入选工信部“双创”平台试点示范项目。

资料来源：中国兵器工业集团有限公司。

四、服务业数字化

（一）推进电子商务特色化发展

内蒙古电商平台的发展应跳脱出传统思维，与当地特色产业产品相结合，培育出具有原生性的、服务于本地产业的电商平台，继而带动传统产业转型升级。引导鼓励建设一批工业、农业、物流、商务、金融等领域的垂直电商平台，发展专业化精准化的电商服务。依托中国（呼和浩特）跨境电子商务综合试验区，扩大跨境电子商务贸易，推动内蒙古自主品牌“走出去”。实施农村电子商务示范工程，加快各具当地特色的旗县电子商务园区建设，构建衔接农产品龙头企业、批发市场、配送中心和农资流通企业的新农村电子商务服务体系。在和林格尔新区等试点区域，大力发展无人机、无人车等智能配送消费。

专栏10 “中国薯网”电子商务交易平台

中国薯网由内蒙古金珂投资管理有限公司设立，通过“农商互联”“互联网+中国薯业”新型发展模式，实现薯类产业全过程智能化服务。自2013年正式上线以来，平台产品和服务辐射国内马铃薯主产区及产业全链条，已成为行业最具影响力的大数据信息平台、电子商务交易平台、供应链金融服务管理平台和物联物流平台。截至目前，平台累计注册用户总数量1380个，2019年1~8月电商交易额达3390.77万元。

通过大数据挖掘、整理、分析，中国薯网实现了六个方面的应用：一是高效的仓配对接服务，通过准确的仓储信息，为马铃薯种植户快速对接物流，并提供便捷的配单结算；二是提供担保支付交易服务和及时的市场信息；三是智能的供需匹配，对接加工和金融需求；四是基于生产数据和市场数据分析，提供丰富的保险保障；五是提供产业咨询；六是提供专业的服务。

目前中国薯网已成为中国马铃薯产业中具有影响力的大数据平台，服务范围已覆盖全国多个重点的马铃薯产区，并与现为农业农村部主管部门合作，推进中国马铃薯产业现代化发展。

资料来源：国研经济研究院根据媒体报道整理。

（二）加快传统服务业线上线下一体化发展

促进零售业数字化升级。深化新一代信息技术在消费领域的应用，利用大数据、人工智能、地理位置服务等提升电子商务平台和传统零售企业的流通效率和服务质量，优化农牧区零售服务质量。鼓励发展农产品、原材料等专业市场电子商务平台等新模式，鼓励在偏远地区发展无人零售等新业态。鼓励电子商务企业积极利用大数据、人工智能、虚拟现实等新技术，提供定制化推送、精准推荐、虚拟体验等服务，改善用户购物体验。

探索传统商场和综合购物中心的数字化转型。采取“网红代你逛商场”“柜台导购直播间”等方式，拓展商场的线上营销推广渠道，激发线下消费需求。运用VR/AR（虚拟现实/增强现实）技术，实现商场购物环境数字化，将虚拟环境体验式购物与数字旅游、数字娱乐等附加服务相结合，形成沉浸式消费氛围。待疫情防控工作要求允许后，适时在各大购物中心举办“明星云对话”“作家云签售”，通过在线直播等方式扩大活动影响力，吸引市民找回消费习惯，逐步恢复综合购物中心的生活娱乐、综合消费功能。

发展线上线下紧密协同的餐饮业。紧随全国餐饮市场发展趋势，发展堂食与线上外卖服务双渠道、高规格宴席和标准化民生餐饮并重的新一代连锁餐饮品牌。采用食品材质数字化审验体系、智能化烹饪器具等数字技术手段，保持餐品饮品的材质口味稳定、加工流程安全卫生，强化品牌价值。按照流量经济的发展规律，重点打造一批内蒙古餐饮业驰名品牌，在主要景区、交通枢纽、宾馆酒店、大型综合商业街区等重点位置布设连锁店面，并依托社交媒体进行宣传，突出网红效应，借助网络口碑打入全国市场。

（三）提升交通物流数字化水平

提供数字化交通物流服务。加快完成全区各级收费公路的电子收费系统建设，实现自动计费收费。加大对公路沿线的分布式能源设备投资力度，降低外部供电和维护保养成本。建设一批智能化多功能充电桩，合理选择布置点位，确保新能源汽车在全区具备长距离运行条件。依托充电桩同时提供数字地图、景区导览、应急呼叫、广告宣传等各类增值数字服务，放大经营收益。在乌兰察布建设数字化物流管理中心，接入全区交通干线和主要节点的物流信息，实现对公路、铁路等多种物流的统筹调配，优化运力组合。

积极发展物流平台企业。鼓励公路物流分包众包、无车承运人等物流平台在内蒙古落地，或在内蒙古建设车辆调度分中心。培育和引进冷链物流解决方案提供商，在内蒙古建设智能化冷链（保温）物流服务网络。增建智慧型仓储设施，提供分时租赁型仓储服务，并发展共享仓储业务，吸引供应链管理网络平台、大宗商品期货场外交易平台在内蒙古进行现货存储和结算。

（四）发展数字旅游和数字娱乐

运用数字平台宣介推广内蒙古旅游。加强对内蒙古文化旅游的在线宣传力度，在整体策划、形象代言、传播技巧等方面借鉴先进经验，提升内蒙古对国内外游客的吸引力。开发“一部手机游内蒙古”App（应用程序），提供在线购票及预订服务等数字服务，促使游客以点击转发等方式宣传内蒙古旅游资源，开展游客间的互动，形成网络传播的口碑效应。依托网红营销，培养本地网红，通过短视频、直播等方式将旅游体验直接传递给消费者。

实现线下线上旅游服务一体化。建设完善数字化景区、数字化博物馆等基础设施，发展数字旅游项目，形成对公众开放的线上应用。推进内蒙古旅游云平台实现自治区、盟市（旗县）、景点三级联网，整合全区旅游数据资源，打造一站式旅游产业信息服务平台。引导景区和旅游机构联合建设在线旅游平台，发展在线导游、导览、导购、投诉等网络旅游消费。鼓励区内互联网企业发展虚拟旅游，研发推广虚拟旅游产品，扩大 3D 美景欣赏、游客互动交流等 VR 旅游消费。鼓励盟市和旗县加快创建国家级全域旅游示范区或自治区级全域旅游示范区，支持呼伦贝尔、兴安盟、阿拉善等特色旅游示范区建设智慧景区。

发展具有内蒙古特色的新型数字娱乐产业。在交通相对便利的戈壁荒野等空旷地区，尝试建设科幻公园，创造星际旅游等仿真科幻场景，打造科幻影视拍摄基地及科幻旅游目的地。依托计算存储和网络资源，在乌兰察布建设我国北方的电子竞技赛事中心，吸引京津冀等地游客到现场观赛。开展“寓教于乐”的青少年国防教育，在古战场和军事演习场地等特定地点开展地理信息数字化项目，导入 VR 军事游戏，提供模拟参与古代战争的体验感，并从网络获取相应的收益分成。在具备条件的地区发展基于 AR 的野外行军、仿真模拟武器对战等娱乐活动。

创新发展以数字娱乐为特色的马产业、骆驼产业。在锡林郭勒盟、阿拉善等地分别建设蒙古马及骆驼数字娱乐基地。对养殖场所、运动场所实施视频覆盖，发展“云端观马（驼）”等项目。运用直播平台，打造明星驯养员、明星骑师，渲染娱乐气氛，引导观众培养对养殖过程和赛马、赛骆驼等活动的兴趣，开展“在线众筹认养”，为马匹和骆驼的成长提供资金支持，从而增强观众的参与感、获得感。

（五）促进数字文化产业发展

逐步推动数字技术在公共文化服务中的应用。在非物质文化遗产传承与保护、内蒙古自治区自然资源等研究中加入数字化手段，采取“文化 + 生态 + 旅游”发展战略模式，在锡林郭勒盟、呼伦贝尔等地加强对蒙古族等少数民族非物质文化及生态资源的研究和探索。建设“内蒙古公共文化云平台”和网上图书馆、博物馆、文化馆、美术馆、非物质文化遗产馆，大力推广在线院线、在线书店。加快出版行业数字化转型，推动互联网、人工智能与数字媒体融合发展。推动内蒙古社会科学大数据平台建设，整合共享和使用各社科科研机构文献信息资源和数据资源，开发建设专题资源库，为社会科学研究提供包括计算、分析、预测等在内的新方法、新工具。

专栏11 推进蒙古文数字化信息化进程——蒙古文出版业数字化转型升级

蒙古文信息化建设是蒙古族文化积累、文化发展和文化传承的基础性工作。内蒙古出版集团始终以传承、发展、传播优秀民族文化为己任，以传统出版数字化转型升级为核心，着力推动传统媒体与新兴媒体融合发展，初步实现了基本国际标准编码蒙古文信息的采集加工、发布运营及共建共享。

内蒙古出版集团于2012年获批承担了国家科技支撑计划项目——国际标准蒙古文数字出版系统研发及应用示范。内蒙古出版集团采取产学研联合方式建设重点实验室，整合集团所属技术公司和运营公司力量，推进蒙古文信息化进程，加快蒙古文出版业数字化转型升级步伐。已研发形成蒙古文字体输入法、多文种全媒体浏览器及跨平台办公软件、蒙古文编码转换器在内的基础软件群及蒙古文数字资源共享与交互管理系统、数字内容互动平台、数字内容管理平台在内的数字出版服务平台和多文种电子商务与在线阅读平台、多文种数字出版管理系统等成果，形成了蒙汉文智慧教育平台、蒙古文虚拟实验、蒙古文直播云平台、蒙汉双语智慧校园管理、德力海文库、蒙古文星火OCR（光学字符识别）、飞翔排版（蒙古文版）等系列产品。内蒙古出版集团及所属信息技术公司相继获得33项计算机软件著作权登记证书和4项软件产品登记证书。

资料来源：内蒙古出版集团。

推进文化产业创意创新。引进高水平的在线传播策划服务企业，做强内蒙古文化创意产业。深入挖掘内蒙古丰富的文化宝库、旅游资源，推出一大批具有蒙元文化元素的歌曲、影视、动漫、游戏等文创产品，在社交网络平台广泛传播，形成内蒙古文化旅游的导流入口，并获得流量收益、广告分成，从而激励内蒙古传统艺人从事民族文化创作、支持蒙文数字化系统开发及数据资源建设。在呼和浩特、通辽、鄂尔多斯等地利用“众创空间及孵化器”等新模式，通过线上与线下相结合的方式培育蒙古族的刺绣、毡艺、骨雕等特色技艺使之得以传承，为民族文化与数字化的融合提供发展平台。

专栏12　　蒙古族服饰艺术的数字传承与创新发展

一、蒙古族传统服饰艺术的数字活化与数字传承

文化和旅游部确立了“见人见物见生活”的理念，并提出“推动中华优秀传统文化创造性转化、创新性发展”是做好文化遗产保护工作的基本指南。蒙古族服饰及纹样艺术种类繁多，在中国民族服饰发展史上有着极其重要的地位，但目前在传承与保护过程中却面临着传统服饰艺术流失严重，展物存放易受损、推广面窄、受众群体小等困境，通过利用大数据和云计算技术，采用先进的数字技术，对蒙古族传统服饰艺术进行数字活化与数字传承，再现传统蒙古族服饰的艺术和文化精髓，以适应新时代民族文化传承与保护的可持续性发展的要求，从而完善蒙古族传统服饰文化保障体系，促进蒙古族传统服饰文化的产业融合。

蒙古族传统服饰及纹样艺术的数字活化。利用先进的数字技术对蒙古族传统服饰等蒙元文化元素搜集、分类整理与数字活化，构建蒙古族传统服饰、纹样等蒙古服饰文化基因大数据

平台，展示传统服饰文化精髓，促进蒙古族服饰文化的发扬和传承。

蒙古族服饰及纹样艺术特色数据库及展示平台的构建。利用大数据和云计算技术，构建蒙古族服饰艺术传承创新特色数据库和数字展示平台，逐步实现蒙古族传统服饰及纹样艺术数据的产业转化，推动蒙古族文化产品现代设计和产业发展。

蒙古族传统服饰VR博物馆的构建。蒙古族服饰艺术以图片和文字记载为主，实物呈现多以实体博物馆为主，且陈列的实物有限，因服装在长时间光照和吊挂中，面料会褪色、破损，无法补救，因此很多实物都不展出，推广面窄。利用三维数字化技术手段，建立蒙古族服饰VR博物馆，可促进民族文化的传承和持续发展，利于民族文化的交流和创新；可以解决蒙古族服饰文化遗产的缺失、破损、不易保存、展示等问题，增强数字化应用水平；可以突破地域的限制，更方便、精准和全面展示蒙古族服饰，加大民族服饰的传承力度。

二、互联网+蒙古族服装个性化定制模式的构建

蒙古族服装带有鲜明的民族地域特色，传统加工缝制技术有着较高的精神情感价值，它是对民族服装文化的传承，是情感价值与人文精神的反映。随着时尚和设计的多元化发展，蒙古族服装逐渐走向了成衣化和高级定制。但是由于蒙古族服装工艺繁琐，未能形成一定规模的工业化生产模式，仍使用单件流的加工方式，并且大部分蒙古族服装企业缺乏高效的生产管理制度，造成加工周期长、产品质量良莠不齐，效益低下，产品跟不上市场周期，无法满足顾客需求。利用大数据、云计算等“互联网+”技

术手段，第一可以解决蒙古族服装企业存在的生产效率、销售数量和品牌价值较低以及产品销售范围狭窄等问题；第二可以有效推动内蒙古地区蒙古族服装产业高质量发展，扩大蒙古族服装市场的广度；第三符合自治区特色经济和文化建设的需求。

蒙古族服装网上订单系统的建立。利用数字技术和互联网技术，建立互联网订单系统，可以很方便地收集消费者对蒙古族服装的需求情况，客户也可以很方便地进行蒙古族服装款式、颜色、布料等方面的选择，及时进行网上定制。企业接到订单后按客户需求进行生产，达到快速反应，应对市场需求。

数字化的蒙古族服装研发平台的构建。蒙古族服装的产品研发包括款式设计、制版和工艺设计等。研发平台包括服装CAD（计算机辅助设计）系统和产品设计数据库。传统的手工设计方式效率比较低，不能满足快速反应的需求，建立数字化服装研发平台，完成从款式设计、纸样设计、放码、排料、工艺设计等一系列功能，大大提高了设计效率。同时，建立产品设计数据库，作为数字化服装生产的基础，它主要包括面料数据库、辅料数据库、款式数据库、号型数据库、版型数据库、工艺数据库、成衣部件库、人体尺寸数据库等。

基于数字技术的蒙古族服装工业化加工体系的构建。蒙古族服装款式变化大、种类多，且批量比较少，目前多采用手工作坊的加工形式，不能形成工业化生产，效率低，应变能力差，不符合智能化工业的生产需求。针对蒙古族服装加工工艺的复杂性和多样性，通过数字化技术，实现产品标准化、工业化、模块化快速生产。同时在生产管理上采用RFID（射频识别）技术，满足生产的柔性化，以解决产品的个性化与工业化生产之间的矛盾。

互联网+蒙古族服装个性化定制运营模式的构建。运用大数据、云计算技术，通过3D（三维）量体与虚拟试衣技术，将分散顾客数据需求及数据集合转化为生产数据，实现服装数字化个性定制，并提出互联网+蒙古族服装营销模式及措施。

总之，积极推进蒙元文化与科技、生态旅游产业的融合发展，充分利用数字科技，面向蒙古国、俄罗斯等丝绸之路上的国家进行蒙元文化交流，创新发展蒙元数字化产业，推进蒙古民族文化传承和创新发展，打造典型自然区域生态优先的绿色旅游产业发展新模式。

资料来源：内蒙古工业大学。

（六）引导数字金融与新经济融合发展

依托新场景应用数字金融。运用互联网及信息技术手段改造提升传统金融服务业态，畅通经济循环。鼓励银行在政务、交通、教育、居民缴费等领域推广运用移动支付应用，采取多种方式支持零售企业的移动支付业务处理，丰富线下支付场景。

创新发展供应链金融。支持基于云计算、大数据、机器学习等技术的金融产品创新，优化大宗商品定价估值体系，推动供应链金融发展。研究在呼和浩特等地设立网络第三方支付机构、互联网保险公司等创新型金融机构，设立网络投融资平台、互联网金融资产交易平台，实现集中交易，消除信息不对称风险。加强对供应链金融、外贸融资的数字化监管，打通仓储物流企业、贸易商、矿业企业、金融机构等各方的业务平台，实现线下实物交割与线上期货交易的协同，对冲市场风险。加强对煤炭、原油、铁矿石、萤石及部分稀土矿物等重点品类大宗商品市场的监测，在价格发生大幅波动时对金融机构进行智能化的风险提示，自动形成风险应对方案。

大力发展平台经济。发展专业化生产性服务平台，重点开展研发设计、第三方物流、检验检测、信息服务、咨询策划等服务平台建设，引导平台企业积极探索服务产品定制等互联网服务新模式。支持发展创新创业互联网平台，发挥平台在资源汇集、信息传播等方面的作用，助力形成创新创业新生态。基于互联网平台，向内蒙古中小企业提供融资服务，解决融资难、融资贵的问题。

积极鼓励发展共享经济。加强交通出行、房屋租赁、家政服务、酒店餐饮、旅游等民生服务资源的开发共享，支持网约车、家庭旅馆借宿、办公场地短租等共享服务发展。推动分享、协作模式向智能制造、金融租赁、物流运输及教育培训等领域渗透，发展生产资料、生产技术、生产服务分享模式，支持构建分享型研发设计平台、在线知识共享平台、劳务资源分享平台等。深入开展诚信体系建设，探索建立分享经济网上信用平台。

第六章

内蒙古数字产业发展路径

数字产业的基础是电子信息制造业，主体是以信息服务为主要特征的一系列现代服务业。内蒙古数字产业的发展，既要从高处着眼，引进先进理念和技术，提升发展能级、壮大产业规模，抢先占据产业制高点，又要适应激烈的市场竞争，切实立足内蒙古数字产业基础和产业数字化的需求，找准细分领域切入点，聚焦核心技术突破，形成具体的优势特色。

一、培育内蒙古数字产业的整体竞争力

（一）发挥数字基础设施优势，确立内蒙古在“数字丝绸之路”中的重要地位

积极贯彻中央部署，参与“数字丝绸之路”建设。通过创办“数字丝绸之路全球峰会”等重大活动，吸引国内外企业对内蒙古数字经济优势的关注，对接企业和项目，把全球数字经济的前沿技术、发展潮流在第一时间带到内蒙古，加快培育植根内蒙古的数字产业。发挥内蒙

古的空间和能源优势，为我国量子通信、量子计算等前沿技术研发提供试验条件。全力打造数字经济领军示范区，特别是集中力量发展和林格尔新区，成为国家级的云计算大数据产业园区、数字经济综合创新示范区。引导乌兰察布、鄂尔多斯等数字经济集聚区形成各自优势特色。

在建设数据中心、增设服务器进程中，围绕计算存储技术保障需求，引入数据服务、服务器制造维修回收利用、算力租用企业，提高国家级数据中心的综合服务保障能力，并带动相关产业发展，培育形成本地化的数字产业集群。

以经济社会各领域数字化需求为引导，夯实数字基础产业，特别是云计算、大数据、软件服务等数字经济发展基础。依托内蒙古存储算力优势，推动数据管理体制机制变革，在保障国家信息安全、保护个人隐私的前提下，建设政务云平台，吸引我国各地政府将数据集中存放在内蒙古，降低数字政务投资运行成本。发挥信息收集渠道、存量数据资源的商业价值，针对行业发展、社会治理、经济运行中的各类问题，开发各类数字技术应用。引导各类数字技术服务商、软件应用的开发和运营方、资本提供方、监督管理者等利益相关主体在内蒙古达成合作，实现互利共赢。

充分利用算力资源，发展具有较高能级的算力应用型数字产业。研究在未来技术环境下有更高算力需求、数据分析需求的领域，有重点地吸引企业提前布局。结合区块链在各行业的应用，布局一批计算存储服务项目。创新应用区块链技术，在内蒙古建设跨境贸易运营管理中心，加快建设呼和浩特跨境电商综合试验区，提升跨境融资和跨境物流数字化水平，就地转化形成信息服务业。探索发展边缘计算、数字孪生等前沿数字技术，力争在内蒙古培育出具有全新商业模式的数字服务企业。

（二）引入国内外数字经济龙头企业，在内蒙古形成数字产业生态

引进电子信息制造龙头企业，充分发挥能源、空间优势，在内蒙古投资建设国产服务器、芯片制造等项目，壮大内蒙古电子信息制造业发展规模，为国家级数据中心、云计算大数据产业提供坚强有力的硬件支持，并吸引产业链上游关键环节研发人才到内蒙古开展研发测试工作，提升内蒙古电子信息制造业研发能力。

引进国内外云计算大数据服务龙头企业，在用电、土地、税收等方面给予优先保障，吸引龙头企业将应用服务环节转移到内蒙古发展。鼓励云计算大数据企业与内蒙古本地优势产业、龙头企业联合成立研发实体，开展项目合作，开发林草大数据、乳业大数据、煤炭电力大数据等具有内蒙古特色的应用服务项目，转化形成数字服务产业。

引进人工智能领军企业，结合地理信息系统开发企业，在内蒙古建立研发支撑基地，发展数据清洗标注、基础数据库存储、地图测绘标注等细分环节。建立智能交通物流车辆测试基地，研发适宜高寒地区路况的智能网联汽车解决方案。

引进北斗卫星导航及通信服务企业，在内蒙古建设研发及服务保障基地。运用卫星测绘大数据等资源，发展智慧城市远程运维、建筑信息、房地产大数据等数字服务。

（三）坚持数字产业与数字治理相结合

以全面提升内蒙古经济社会运行效率为目标，建设以在线审批服务系统为前台、数字政府“数据中台”充分连通、政务内网安全可控的数字政务服务体系。整合自治区煤炭电力交易、土地交易、区域股权交易、政府采购、工商登记、票据融资、社会信用等各类市场数据，

加入可公开使用的其他政府数据、企业数据，并运用关键字段进行匹配连接，形成一个较为完整的，能够用于宏观、产业、微观分析及企业尽职调查的经济社会数据体系，有力支撑内蒙古改善营商环境、优化资源配置，并培育形成具有示范意义的经济数据分析产业。

发挥国家级数据中心带来的成本优势，提高“政务云”使用率，逐步将各部门分散的信息平台、数据库归并到统一的自治区政务云，并实现与国家级政务服务网络的对接连通。吸引社会资本参与智慧城市、智慧乡村、远程教育、远程医疗等数字社会服务体系的建设，建好与数字政府的数据接口，加强政府对公共服务、社会事业的统筹指导。

（四）抢抓公共项目建设机遇，孵化本地数字产业

在数字政府、智慧城市项目中，通过购买服务的方式，吸引外部专业化企业为内蒙古提供系统设计和建设方案。通过学习引入先进地区的成熟模式，避免走弯路、重复建设，提高数字政府投资效率。在项目建设运营过程中，供应商可适时在内蒙古设立办事机构，负责运营数字政府中的部分内容，并在数据存储、数据库建设、应用功能开发、平台迁移等技术环节进行外包，带动一批数字政务服务企业的聚集，实现产业链本地化，培育壮大本地的信息技术服务产业。

促进生态环境数字化向数字产业的转化，形成内蒙古的优势特色。进一步发展地理信息系统、生态监测数字技术等服务于本地生态文明建设的数字技术产业，促进技术融合，重点提升运用数字技术的能力，增强市场竞争力。

二、着力发展优势细分产业

（一）发展电子信息制造业，夯实数字经济的发展基础

着眼于集聚信息技术人才、活跃产业生态，为数字经济的全面发展打下坚实基础，大力发展电子信息制造业，特别是发展产业链中下游的产品制造环节。坚持需求牵引的导向，立足于本地区产业数字化对先进电子设备的需求，积极引入具备自主研发能力的行业龙头企业，结合内蒙古各行业的具体应用，在内蒙古建设定制开发中心、专门生产线，推动产品功能创新，形成具有内蒙古特色的电子产品目录。引进国产化电子信息产品制造项目，推动电子信息制造业的军民融合发展。促进家电产业向智能家电和智能家居设备产业转型升级，在已有显示器件项目基础上发展 VR/AR 等新型显示产品。

专栏13　　清华同方在内蒙古建成服务器生产线

2019年5月，同方计算机（内蒙古）有限公司服务器生产线在内蒙古和林格尔新区落成。服务器生产项目的落地生根，标志着内蒙古大数据云计算中心建设已开始向产业链上游延伸，未来将逐步形成数字产业生态。

同方计算机（内蒙古）有限公司服务器生产项目是内蒙古和林格尔新区重点引进的战略性新兴产业项目。项目占地面积4000平方米，主要研发测试和生产制造服务器及自主创新科技产品，年生产能力约10万台，面向全球市场供应人工智能、超级计算、大数据等领域的一站式解决方案，以及系列国产创新计算机产品。生产线的落成，填补了自治区装备制造产业核心设备制造能

力的空白，对自治区、呼和浩特市、和林格尔新区加快推动新旧动能转换、实现以创新驱动为引领的高质量发展起到重要的示范带动作用，能够增强更多企业投身内蒙古数字经济的信心。

资料来源：国研经济研究院根据媒体报道整理。

在呼和浩特城区建设电子信息制造业研发中心、运营管理中心和产品演示展销中心，促进国内外知名的电子产品品牌在呼和浩特设立区域销售代理、运维服务管理机构。和林格尔新区加快集聚计算存储设备制造业，主要面向内蒙古乃至整个北方地区的市场需求，以及俄蒙、中亚等出口市场，建成高性能服务器制造基地。围绕智能化种养殖、食品加工装备、农产品电子标记、智慧城市、生态环境监测等需求，在呼和浩特建设相应的电子产品研发制造基地，在锡林郭勒盟、巴彦淖尔等地建设电子产品配套服务中心。围绕能源智能化输配、工业互联网、智能装备制造等需求，在包头等地发展军民融合型计算存储设备制造基地，同时布局物联网、汽车电子等专用电子产品制造。发挥鄂尔多斯能源优势，扩大新型显示产业发展规模。积极承接沿海发达地区的电子信息制造业转移，在赤峰、通辽等地建设产业园区，扩增装配加工规模，逐步延伸产业链条。

（二）完善云计算大数据区块链产业生态，优化区域分工布局

吸引国内龙头企业在内蒙古数据中心开展合作，重点突破数据中心存储服务所需的系统软件、数据挖掘所需的智能分析软件等关键技术，提升我国云计算大数据产业的自主创新能力、信息安全保障能力。重视跨境电商、贸易物流企业数字平台的互联互通，依托内蒙古数据中心面向全球提供电商物流信息服务，不断提升数字服务在内蒙古服

务贸易中的比重。

发展基于区块链的云计算存储及信息安全服务，运用区块链技术开展货物追踪、通关验证、供应链金融等服务，并探索建设基于区块链信息的社会化征信服务平台。拓展区块链技术的创新应用，在社交媒体、影音娱乐及游戏的代币体系中挖掘商业价值。发挥内蒙古算力优势，建设区块链信息存储服务节点，吸引基于区块链的信息服务商在内蒙古落户。

为进一步提升内蒙古云计算大数据产业在国内的优势地位，还应做好几方面的工作。第一，围绕数据中心软硬件运维服务等领域，举办大型展会、论坛，增进政府部门、大型企业等数据存储用户方代表在内蒙古的交流，共同研讨数据中心建设与对外服务、云计算配套产业方面的问题，逐步形成定期的线下交流合作机制。第二，依托数据资源，以及靠近北京地区客户资源的优势，采取鼓励政策，培育和吸引一批从事数据分析服务的中小企业植根于内蒙古发展，在内蒙古就地运用大数据，提供咨询服务、解决方案服务。第三，进一步改善国际网络连接条件，以对外提供云计算存储服务为突破口，打通“数字丝绸之路”，重点面向俄蒙、中亚等地区提供计算存储服务，扩大内蒙古云计算大数据产业的国际影响力。第四，结合产业数字化进程，依托行业龙头企业，在农牧业选种选育、煤炭电力、冶金化工、食品加工、蒙中医药、生态环保等领域进一步发展行业大数据，依托数据资源，增强内蒙古优势产业领域对其所在产业链的掌控能力。

在云计算大数据产业的布局上，应当基于已有企业、项目，引导各数据中心城市形成差异化的分工定位，促进专业化集聚。呼和浩特（和林格尔）主要承担国家级的政务、金融、通信、交通等数据中心，以政务大数据为核心，连接中央企业数据，服务于国家现代化治理体系和治理能力建设。在信息安全、公共安全、网格化社会治理应用等方向实现产业孵化。乌兰察布可侧重于国际化云计算中心建设，重点吸引国内外云计算企业巨头，布设云服务中心，利用高铁等交通便捷优势，吸引北京的互联网企业设立数据中后台服务基地。鄂尔多斯、包头等城市的云计算大数据基地则主要吸引工业、能源、物流等领域的企业，依托物联网、智慧城市、工业互联网产生的数据，发展相应的大数据产业。满洲里、二连浩特围绕“丝绸之路数据港”发展数据处理、代理服务、信息通信接口服务等新业态。

专栏14　　绿色大数据平台的构建——蒙草生态大数据与环境产业发展

坚持用一方的乡土植物修复一方的生态环境的蒙草生态，作为一家从内蒙古自治区成长起来的以“草”为业的科技型上市企业。目前拥有北方干旱半干旱地区草原种质资源2000余种、3000余份，植物标本2800余种、20000余份，土壤样本40万余份。

经过科研和实践的积累，结合应用遥感、地理信息系统、物联网、云计算等，蒙草建立了“草原生态产业大数据平台”。应用大数据平台可查询任意经纬度地理坐标点近20年的“水、土、气、人、草、畜”等生态数据指标及变化，也可搜索任何一种植物适宜生长的地区，为蒙草的生态修复提供数据支持和智慧型解决方案。以内蒙古为样板，蒙草将“生态理念+技术智慧+资源储备+管理标准+生态产品”的生态修复模式复制成疆草、藏草、滇草、秦草等事业群，在新加坡、蒙古国、俄罗斯、阿联酋等国家和地区建立起生态修复科研及草种业合作关系，积极推进生态修复业务，以驯化乡土植物修复生态的理念和智慧，服务于“一带一路”沿线国家和地区。

资料来源：国研经济研究院根据媒体报道整理。

（三）结合内蒙古产业基础和需求场景，发展相应的人工智能应用

在发展智能化能源网络、智慧城市、智慧农牧业的过程中，内蒙古相关领域龙头企业可探索从人工智能应用逐渐延伸到人工智能研发环节，发挥行业知识、经验积累，配合人工智能技术原创企业，进行具体的智能化算法定制开发，或设计制造本行业专用的、集成人工智能算法的智能终端。围绕人工智能相关产业开展京蒙合作，实施一批合作研发、测试应用项目。鼓励重点盟市与人工智能企业、汽车制造企业开展合作，在无人驾驶技术测试、道路智能化基础设施建设等方面形成合力，并开展相应的网络、供电系统改造，在城市中心区、主要产业园布设智能网联基础设施。

以物流用车为突破口，推进智能网联新能源汽车在内蒙古组网运行，提高冷链（保温）物流车辆的运行效率。研究在内蒙古建设或开辟专用物流公路，安装自动驾驶所需辅助设备，实现长距离公路运输的自动驾驶。依托物流服务企业等平台型企业，多方面运用人工智能技术，在车辆调配、维护检修、自动驾驶等方面形成智能服务的运营模式，培育形成智能物流解决方案企业，并带动内蒙古重型汽车制造业向智能网联专用汽车的方向转型升级。

结合内蒙古偏远地区的边界值守、电站电网维护、公路铁路检修、森林草原巡防等需求场景，发展具有共同技术为核的无人化值守装备及配套软件体系，投用一大批成本低廉、便于维护、耐受恶劣气候条件的服务机器人，并争取将相应的装备制造、应用开发等产业环节吸引到内蒙古。

结合抗击新冠肺炎疫情中出现的人工智能应用新场景，捕捉相应

的智能技术产业化机遇，培育新兴产业。研发应用新一代身份识别、定位追踪技术，对人员行动轨迹、相对位置进行判断，开发出相应的应急管理程序系统。研发应用可进行传染病初步筛查的智能诊疗系统，以及具有慢性病状态监测分析、蒙中医保健和康复疗法知识等功能的远程医疗系统，作为医院门诊急诊服务的必要补充投入使用。

人工智能产业布局应遵循集约和差异化分工原则。突出呼和浩特在内蒙古人工智能基础研发、应用开发中的引领地位，在包头、鄂尔多斯等地布局内蒙古优势特色产业的智能装备制造及智能服务。在乌兰察布等地发展智能呼叫中心、语音识别等人工智能辅助服务。在赤峰、通辽等地发展人工智能所需的信息标注、算法测试等配套服务。

（四）集约集聚发展地理信息与卫星应用产业

内蒙古应坚持以本地应用为导向，培育适应于内蒙古市场需求的地理信息与卫星应用技术企业，为自然资源和生态环境的监测提供基础数据支持。注重与沿海发达地区地理信息产业分工的差异化，坚持在 BIM 领域加大投入，依托北斗产业生态，实现我国建筑信息的精准化、动态化。探索地理信息与建筑信息整合，发展智慧城市基础平台业务、存量房产大数据业务。

借助数据存储服务能力，引导地理信息与卫星应用企业的技术研发和数据存储职能向呼和浩特集聚，力争打造我国地理信息产业的新兴增长极。依托航天基地，在阿拉善发展卫星技术服务保障相关产业。在兴安盟、锡林郭勒盟、巴彦淖尔、阿拉善等地分别建设林地、草原、湿地、沙地等不同地貌的自然资源和生态环境监测分析研究基地，培育相关的地理信息技术服务企业。

（五）推进专用软件开发、信息技术服务外包的高质量发展

内蒙古软件和信息技术服务业的发展，还需进一步克服客观条件限制，谋求高质量发展。要充分发挥办公、居住成本较低的优势，借助高铁开通带来的便利条件，打造一个面向京津冀市场、支持国家级总部经济和互联网应用行业的软件外包服务基地。注重培育具有国内外知名度的本土品牌，增进本地企业与国内外 IT 巨头、重要集团客户的交流合作。结合硬件国产化进程需要，发展与国产硬件兼容匹配、具有自主知识产权的基础软件，打造信息安全技术体系。特别是结合内蒙古数据中心对软件体系的需求，发展服务器操作系统软件、算力管理软件、硬件性能优化与故障监测软件、数据库系统软件、信息安全软件、数据清洗过滤和分析整理软件，以及面向大数据的商务智能与决策支持软件等，力争成为我国基础软件的新高地。以合资等方式引进国际领先的软件企业，在工业软件、智慧能源软件、智慧农牧业软件等方面开展合作，为内蒙古产业数字化提供强有力的软件保障。此外，突出蒙古文软件特色，为蒙古族文史研究、文化传播、科技教育、便民服务等各方面需求提供信息系统平台保障。

专栏15　　自主培育软件专业人才案例——网智科技

内蒙古网智科技服务有限责任公司于2007年成立，在互联网舆情监测分析、蒙文舆情监测、网络安全诊断与修复等方面具有一定竞争优势，为内蒙古多地的政府、企业提供相关服务。

由于本地缺乏相关技术人才，外部引入的专业人员通常也很快离开，网智科技选择自己培养舆情分析和信息安全方面的专业技术人员。企业出资，报名相关行业培训，促进员工内部学习提

升。这一方法成效显著，员工对企业的忠诚度大大提升，企业的技术能力也进一步优化。为进一步满足市场需求，网智科技已瞄准电子取证应用，准备进一步投入资金和人员，自主培养相关专业人才。

在软件和信息技术服务业的城市分工上，建议呼和浩特聚焦于企业信息化、信息安全、互联网应用、蒙古文软件等重点领域；包头侧重于工业软件开发应用，特别是发展能源管理软件、稀土行业、航天军工等领域急需的工业软件。

资料来源：内蒙古网智科技服务有限责任公司。

第七章

内蒙古数字政府建设的主要思路

按照国家“互联网 + 政务服务”的总体要求，在自治区“2+4+N”政务信息系统架构的基础上，进一步学习先进的数字政府建设和运行理念，吸纳先进技术，优化系统设计，促进功能集成和信息资源整合，逐步建立大数据驱动的政务信息化服务新模式。以提高现代化治理能力和公共服务水平、优化营商环境为目标，统筹推进内蒙古数字政府与数字社会建设，加快构建信息惠民服务体系。

一、树立先进的数字政府建设理念

（一）明确数字政府整体架构

内蒙古数字政府的总体架构应包括管理架构、业务架构、技术架构。其中，管理架构体现“管运分离”的建设运营模式，可由自治区政务服务数据管理部门统筹建设与维护，各业务部门负责具体单元模块的功能设计和日常运行；业务架构遵循国家和自治区深化机构改革、“放管服”改革要求，包括管理能力应用和服务能力应用，促进机构整合、职能转变和业务融合；技术架构采用分层设计，遵循系统工程的要求，实现全区数字政府应用系统、应用支撑、数据服务、基础设施、安全、标准、运行管理的集约化、一体化。

（二）优化数字政府运行管理体系

加强对自治区各级数字政府建设和运行的统筹管理，构建“统一领导、上下衔接、运作高效、统筹有力、整体推进”的全区各级政府数字化转型组织管理体系。一是深化共建共享的数字政府管理框架。充分发挥集中力量办大事的制度优势，推动建设全面网络化、高度信息化、服务整体化的数字政府新形态，全区统筹建立数字政府发展的长效机制和分类建设模式。二是构建“政府主导、政企合作、社会参与、法治保障”的共建共享型数字政府。坚持政府主导，通过政策引导、规范监管、购买服务、绩效考核等方式，加强对数字政府建设的统筹协调和组织推进。充分发挥优秀骨干企业的技术优势、渠道优势和专业运营服务能力，共同参与数字政府项目建设，提升政府管理服务水平，向社会充分释放改革红利，鼓励社会主体广泛参与数字政府创新应用建设。三是健全驱动全区电子政务发展的动力机制。以政务数字化改革为推动力，将数字政府改革建设工作纳入全区各级政府绩效考核体系，共同培育和提升政务数字化改革的内生动力。

（三）统筹协调本级数字政府与其他系统的关系

一方面，协同好系统内部与外部的关系。内蒙古数字政府通过政务信息资源共享平台实现与国家、其他省区市间的信息共享和业务协同；按照全国一体化在线政务服务平台建设要求，实现自治区一体化在线政务服务平台与国家政务服务平台对接；专项领域国家重点信息系统（投资项目审批平台、公共资源交易平台等）通过国家政务服务平台、大数据平台、共享交换平台打通数据通道，实现业务协同。

另一方面，协同好系统整体与子平台的关系。自治区各部门按照数字政府总体技术框架建设应用系统，新建部门应用系统部署在政务云平台，已建部门应用系统逐步迁移到政务云。部门应用系统按照规范与“数字政府”的应用支撑平台对接，根据业务需求，在“数字政府”公共支撑平台上快速构建、快速部署，并在应用中按需快速迭代。

二、构建大数据驱动的数字政务服务体系

（一）建设政务大数据资源池

进一步完善自治区“互联网＋政务服务”平台和非政务信息汇聚平台，采集、汇聚、整合国家级、自治区级以及各盟市基础数据，建设人口、法人、自然资源和空间地理、社会信用信息等 4 大类公共基础数据库，为政务服务、社会治理、市场监督等应用提供信息支撑。围绕网上办事、企业经营、公共安全、社会保障、市场监管、精准扶贫、用户画像等主题，梳理主题信息资源，为政务服务、宏观调控、行业协同监管、应急指挥等提供大数据辅助决策支持。整合共享各部门专用数据库，对接融合科研机构、公用事业单位、互联网企业等的社会数据。

（二）推进数据资源开放利用

完善数据开放平台，升级完善政府数据统一开放平台接口，做好与自治区政务信息资源共享平台的衔接和自治区政府门户网站的连接，和国家公共信息资源开放平台及盟市级公共信息资源开放平台互

联互通。完善目录发布、数据汇集、安全存储、元数据发布、便捷检索、数据获取、统计分析、互动参与、应用展示等功能，提供数据预览、可视化展现、分析组件、数据下载、接口访问等服务。建立完善数据资源开放制度规范，完善平台技术规范，建立数据开放标准，制定信息资源管理办法，落实信息资源安全管理制度和保密审查制度。促进公共数据资源开放与利用，构建政府开放数据 API（应用程序接口），实现数据资源以可再利用的数据集形式开放，营造全社会广泛参与和开发利用公共信息资源的良好氛围。

（三）建设数据分析平台

建设包括政务服务、决策保障、跨域协作、经济调节、市场监管、社会治理、公共服务、环境保护等领域专项大数据分析与可视化展示应用。政务大数据资源池为各部门利用数据进行决策分析提供数据基础，各部门不再自建大规模数据仓库，只需开发算法模型，在数据分析平台中加载算法，获取分析结果。

（四）开展数据治理

基于政务数据管理，组织数据提供部门、需求部门及行业专家共同制定数据标准，确保同一数据在各类政务应用中名称、类型、编码、单位、范围等要素一致；对各类数据资源涉及的元数据进行系统分析，逐步实现元数据标准化。通过开展数据共享交换绩效评价，在制度上促进区直各部门共享数据鲜活更新。对各部门现存的政务服务数据资源进行统一采集，并按照统一标准清洗、整合、比对，形成有效数据，促进数据质量提升。建设数据治理平台，实现数据资源产生、采集、存储、交换、加工、整合、使用、反馈等环节的管理。建立数据使用反馈机制，打通数据产生采集环节，形成数据资源流通全程闭环管理。

三、依托数字政府，提高现代化治理和公共服务水平

（一）以数字政府推动营商环境优化

将数字政府建设作为构建推动经济高质量发展的体制机制、再创营商环境新优势的着力点和突破口。持续推进全区一体化在线政务服务平台建设，做好全区政务服务项目清单标准化梳理，为推进政务服务“一网通办”、提升网上办事能力奠定基础。统筹推进政务信息资源整合共享，以政务数据需求为导向，建设政务基础数据库，打破数据孤岛，开展跨地区、跨部门、跨层级数据共享应用，与全区一体化在线政务服务平台有效衔接。持续做好统一政务服务事项库、统一电子证照库、统一身份认证、统一服务门户、统一电子印章、统一“好差评”系统等基础支撑体系建设工作。加强全区统一政务服务平台“蒙速办”移动端建设。依托政务服务平台，建设自治区“互联网＋监管”系统，充分运用互联网、大数据等信息技术手段，汇聚重点领域监管数据，推进监管事项全覆盖、监管过程全记录，提升事中事后监管规范化、精准化和智能化水平。形成以电子政务外网为支撑，以一体化监管系统为核心的数字政府基础框架。

（二）建设智慧城市、智慧乡村和生态环境监测体系，提升网格化社会治理水平

在数字政府的基础上，打造具有内蒙古特色的智慧城市、智慧乡村和生态环境监测体系。征集盟市、旗县的智慧城市和智慧乡村建设

项目，一并纳入自治区“新基建”项目列表，争取国家资金支持。建设自治区智慧城市和智慧乡村统筹管理平台，打通盟市、旗县建立的系统，实现公安、交通、生态环境、应急管理等不同部门单位建立的监控系统互联互通、信息共享。以呼和浩特“城市大脑”等智慧城市项目为试点示范，加快向全自治区复制推广。坚持在自治区统一的技术标准要求下，开展招标采购工作，把智慧城市、智慧乡村项目建设及运维成本控制在合理水平，确保自主可控、可持续升级迭代。

结合近年来重大突发事件处置特别是新冠肺炎疫情防控中出现的数字化应急治理能力薄弱问题，着力强化现代化应急管理体系，提升智能化社会综合治理能力。依托交通、广电等已有通信网络，建设完善打通全区、涵盖城乡的应急通信网络，确保在突发事件发生时，应急管理体系能够直接联系到村组（社区）、直接追踪到人。引进信息通信及互联网应用企业，提供通信工具自动定位、扫码登记系统等数字化治理工具，在常态化统计的基础上及时发现异常，预判并化解突发社会风险事件。

开展基层工作人员信息技术培训，提升苏木乡镇、街道社区干部数字政务服务水平，坚持线上线下治理体系相结合，实现网格化基层治理。学习北京等发达地区经验，建设民众在线举报投诉系统、智能化政务服务保障平台，依靠人工智能、大数据技术，及时判断并向上汇报民众集中反映的社会热点问题，发现相关案件线索。

完善环境污染监测设备及统计分析系统，整合利用地理信息、环境监测等大数据资源，形成数字化的生态环境执法依据，加强生态环境执法力度。

（三）构建信息惠民服务体系，强化民生保障

建立教育大数据云服务平台，将优质教育资源与服务进行网络互通，促进教育公平，实现学习机会人人平等。对接国内外优质远程教育平台，为内蒙古学生引进一流的课程资源。打通呼和浩特、包头、鄂尔多斯、赤峰等教育强市的远程教育系统，促进课程共建、师资在线交流、学生在线比学竞考。

落实国家分级诊疗制度，对接国家级远程医疗平台，建设自治区远程医疗体系，实现苏木乡镇、嘎查村远程医疗“全覆盖”，确保贫困嘎查村群众足不出村就可以享受三甲医院的在线诊疗服务。组织自治区医疗专家，为常见病种开展集中远程会诊、就医指导。引导旗县医疗专业技术人员加入平台专家库，为基层提供个性化的公益远程诊疗服务。建立数字化防疫和传染病监测报告系统，第一时间发现并掌控传染病发生情况。

巩固自治区全面脱贫成果，进一步提升精准扶贫水平。推进自治区扶贫大数据平台建设，对相对贫困村、相对贫困人口数据进行精准识别、动态跟踪，建立覆盖内蒙古农村低收入群体的社会保障大数据平台，为各级政府扶贫管理工作提供数据支撑。完善以“信息共享、业务协同”为目标的智慧扶贫信息化应用框架，推进跨部门跨层级的服务与资源整合共享、业务协同联动和决策科学支撑。

第八章

“十四五”期间内蒙古发展数字经济的重点任务

在“十四五”期间特别是在新冠肺炎疫情后振兴经济的进程中，国家将加大对传统基建和新型基建项目的支持力度，内蒙古将进入实施数字经济重大工程、加快实现创新驱动发展的关键机遇期，需统筹谋划并加快推进基础设施、专项工程、服务平台、科技创新及数据资源开发利用等各项重点任务。

一、推进新一代数字基础设施建设

进一步完善偏远地区的4G网络覆盖，提高乡村、牧区宽带网络服务质量，改善网络末端的企业、个人使用体验，确保政务服务、电商物流服务等基本公共服务的全覆盖。抢抓“新基建”政策窗口，适度超前推进5G基站建设，到2020年底实现各盟市中心城区、口岸地区、重点矿区的5G网络全覆盖，2022年实现对旗县中心镇的覆盖，2025年实现普及。协调推进电信公网与交通运输、智慧城市、森林草原等各领域专用网络的建设，在旧城改造和新区建设中优先考虑数字基础设施及相关线网的布局，促进5G基础设施共建共享，并合理分担成本。加快提升IPv6端到端贯通能力，完成全部数据中心的IPv6改造，支持区内云服务平台提升IPv6业务承载能力。根据国家推广IPv6应用的总体部署，研究论证并争取在内蒙古增设IPv6根服务器。

加快推进呼和浩特国家级互联网骨干直连点建设，同步完成IPv6升级改造。畅通国际专网连接，确保呼和浩特网络接入条件全面达到国家级云计算存储中心和超算中心的要求。完善呼和浩特城区西部、南部（和林格尔）与主城区之间的公共交通网络，引入高水平教育医疗资源，全面提升产业园区网络带宽，有效扩增呼和浩特市能够担当总部经济职能的城区面积。按照工业互联网中心城市的标准，加快在包头建设产业园区专用网络，保障远程设计、协同制造等工业互联网应用所需的网络带宽。完善乌兰察布、鄂尔多斯等地各数据中心所在旗县（开发区）的城市基础设施，以“数城融合”为指引，合理规划新建数据中心选址，使数据中心附近有集中承接上下游产业的发展空间，并具备有吸引力的生活配套条件，从而实现产城融合、集聚发展。

加快推进工业互联网标识解析节点建设，引导乳业、煤化工、稀土等优势产业领域龙头企业高起点建设国内领先的工业互联网标识解析平台。探索搭建新材料、食品加工、生物制药等行业的标识解析平台，逐步形成标识解析生态，抢占基础数据资源。

二、围绕国家和自治区发展战略，实施数字经济重大工程

一是高带宽网络工程。根据抗击疫情期间居家办公的网络流量峰值，并考虑到内蒙古云计算存储产业面向国内外扩大服务容量的需求，争取国家新一轮基建资金支持，进一步扩容光纤网络。积极对接电信

运营商、广电、CERNET 等有关方面，提供相应的支持帮扶、共建共享政策，加大内蒙古网络基础设施建设投入力度，适度超前扩容主干网络，提升宽带服务容量。

二是国家云服务中心和超算中心工程。深入开展与部委、央企、知名医院及“双一流”高校合作，推动一批具有战略意义的计算存储项目在内蒙古落地，将计算存储能力更多用于国家科技研发需求。对接京津冀地区的优势企业、重要科研机构，商洽在内蒙古建立新的超算中心。重点围绕人工智能领域的研发需求、应用支持需求，建设若干超算中心项目。

三是基于 5G 和卫星通信的泛在网络工程。统筹研究智慧城市、智慧乡村、应急管理、矿产智能化勘探、国土资源及生态环境监管数字化等需求，协调各方面共同推进基于 5G 和卫星通信的泛在物联网基础设施建设，实现各部门、各企业共建共享，并在“十四五”期间加快推出一批试点示范项目。对接国铁集团等方面，率先实现高铁沿线的 5G 网络全覆盖，打造“北斗 +”“5G+”智能高铁示范线。

四是工业互联网建设和智能制造升级工程。制定针对工业云平台的专项补贴方案，加快帮助中小企业全面上云。结合内蒙古产业特色和所处的发展阶段特点，开展供应商比选工作，对接引进最符合内蒙古需求的工业自动化、智能化解决方案供应商，加快内蒙古制造业企业的数字化升级改造。在“十四五”期间逐步培育一批本地服务网络完备的工业数字化解决方案服务商。

五是智慧能源网络工程。按照建设现代能源经济示范区的各项要求，查找内蒙古能源基础设施特别是数字化能源基础设施尚存在的短板，在“十四五”期间集中开工一批具有战略意义的智能电网、无人驾驶公路铁路运煤专线、智慧矿山系统等智慧能源网络工程，将国内外最先进的智慧能源网络技术应用在内蒙古，加快提升内蒙古煤炭电力行业的经营效益和整体竞争力。

六是数字经济品牌工程。在特色产业数字化发展的基础上，紧密结合地区地理品牌、文化特色，着力打造“蒙字号”龙头企业。创新品牌推广方式，加强在线宣传推介，提高“蒙字号”企业的国内国际知名度。制定对“蒙字号”龙头企业的政策扶持、统筹监管机制，严格管控生产工艺，提升产品质量标准，建立产品信息追溯查询平台，依靠产品品质强化内蒙古区域品牌形象，从而提升内蒙古特色产品的附加值。

三、着眼于培育平台经济，加快数字经济重点平台建设

把握好接入国际化平台、国家级平台与自建平台之间的关系，结合内蒙古优势产业领域和急需提升的重点环节，选取适当功能定位，在“十四五”期间打造具有良好经济社会效益的数字经济平台。

一是算力交易平台。建立自治区统一的算力交易平台，鼓励各数据中心、超算中心将空余的计算存储能力进行在线出让，形成公开公平竞争的市场格局。帮助企业客户找到算力市场信息，实现一站式在线服务，便捷办理租用服务器、租用存储空间等业务。在算力价格公开透明、定价符合成本及合理收益的情况下，协调有关部门出台政策，允许各级政府部门和企业以相对简化的招标采购流程，在线采购算力，优化利用内蒙古算力资源，降低数字政务的投入成本。

二是外包服务平台。鼓励内蒙古从事软件再开发、定制服务等信息技术外包服务领域的中小型企业，自发形成产业联盟，并在自治区帮扶指引下打造统一的外包服务平台，在“十四五”期间发展成为商

洽交易活跃的平台。借助平台在区内外加大对内蒙古信息技术外包服务商的宣传。帮助京津冀等区域的企业与内蒙古外包服务商建立长期合作关系。鼓励引导区内企业就近选择合适的外包服务商，开展相应的外包服务。

三是数据交易平台。研究制定鼓励数据交易的政策，搭建数据交易平台，开展商用数据交易。引导数据中心与数据所有方开展合作，经授权后对数据进行脱敏、采样、清洗等措施，形成可供二次利用和交易的数据产品。在盘活自治区存储数据的商业价值基础上，吸引区外企业到内蒙古参与数据交易，进一步激活内蒙古数据交易市场。

四是设备采购平台。抓住内蒙古数据中心进一步扩建及新一代信息基础设施建设等重大机遇，收集汇总相关产品目录，建立面向政府部门、企业等大客户的电子信息设备采购平台。通过平台进行集中批量采购，形成公平公开的竞争机制，增强内蒙古市场对设备产品的议价权，并帮助本地设备制造商进一步打开市场。

四、以“智能 +”为引领，加强重点领域科技创新

以应用型数字技术为主体、数字科技基础研发为支撑，推动内蒙古企业提高数字经济创新发展能力。重点吸引电力、电气装备制造、煤炭及煤化工等行业的国内外龙头企业，在内蒙古设立智慧能源研发中心，并在内蒙古大型发电站、矿山和化工项目率先应用机器人巡检、无人作业技术，形成示范效应，推动中小企业跟进部署。加强与国内外工业软件企业的合作，采取政府适当补贴、供应商开办软件应用培训、企业免费试用的方式，带动市场需求，加快在内蒙古制造业企业普及数字化研发设计平台，增强企业主动开展在线外包、网络协同设

计制造的意识。

结合内蒙古产业优势，精准选取科技研发投入的重点方向。面向全球科技前沿设立基础研究项目，支持龙头企业、区内外知名高校和科研机构，围绕农业物联网、数字化节水种植、乳制品成分智能化分析检测、动植物基因大数据、智能电站、智能化生物质能加工厂、智能矿山机器人等重点领域开展科技研发攻关，力争在局部领域达到国内领先、全球先进水平。学习借鉴陕西杨凌等地经验，在巴彦淖尔、锡林郭勒等盟市的农牧业科技示范园区中，择优设立智慧农牧业试验中心，为新型智慧农牧业技术的试验和推广搭建平台。

积极总结中医药在抗击新冠肺炎疫情中发挥的重要作用，适应蒙医学现代化的发展要求，加快探索建立“智能+”蒙中医诊疗体系。组织自治区蒙中医名家，基于专家诊疗实践经验开发出智能诊疗辅助系统，并运用人工智能技术对病例大数据进行分析归纳，优化蒙中医诊疗各类疾病的方案，帮助年轻医生传承和发扬蒙中医诊疗技艺。

五、提升数据资源利用能力，将数据中心提升为数据资源中心

在数据资源利用中，首先要采取综合措施解决数据安全问题，消除数据所有者的后顾之忧。鼓励采用国产芯片及存储器的国产服务器供应商扩大生产规模，制定国企所属数据中心在硬件维护和更新中逐步实现国产化替代的时间表，并对接具有自主知识产权的国内领军软件企业，组织数据中心集体采购，在“十四五”期间加快实现服务器系统软件、数据库软件等关键软件的国产替代。加强与信息安全企业的合作，全面开展自治区网络空间环境安防监测，排查外部威胁、内部漏洞。重点吸引具备数据分级授权管理、敏感信息过滤、灾备保障

等专长的技术供应商，为内蒙古数据中心提供信息安全解决方案。

保持与数据中心企业的密切联系，加深对数据中心客户情况的了解，对存放在内蒙古各类数据的总体情况加以掌握，鼓励数据中心建立可对外开放使用的数据资源目录。吸引和培育具有数据分析能力的企业，特别是了解大数据、商务智能应用需求的企业，在内蒙古开展数据资源调研，并依托内蒙古数据交易平台，联系数据中心的主要客户，探讨数据合作开发利用的方案。

研究成立内蒙古的数据资源运营企业，建立大型数据仓库，购买和存储大量允许对外使用、具有一定价值、但用途和开发利用方式有待确定的数据资产，特别是将一部分只保存一定期限的数据加以初步清洗、精炼后，获取可能有价值的内容，进行长期存储。待数据量、数据种类积累到一定水平时，对接大数据分析企业开展合作，再对数据进行分析利用。

第九章

内蒙古加快数字经济发展的政策措施

内蒙古支持数字经济发展的政策体系需从政策合力、企业共识、数字化服务供给等关键问题入手，在现代化治理和公共服务体系方面补齐短板，创造有利于政企共建共享、发挥数据资源优势的制度环境，并在人才、信息安全、金融体系建设和政府投入方式转变等方面做好支撑保障。

一、建立高效、有力的统筹推进机制，提升政策执行效力

建立主要领导牵头的统筹协调机制。自治区成立“数字内蒙古”领导小组，加强大数据发展协调部门的职能和队伍建设，统筹协调重大部署的实施；建立盟市、旗县等各级领导责任制，明确和落实工作责任，支撑和保障数字经济加快发展。

坚持规划先行、标准引领。自治区对接国家顶层设计，侧重于标准、规则制定，盟市、旗县基层侧重于运用服务和服务功能的构建。在自治区层面，在“十四五”规划中突出数字经济在经济社会发展全局中的重要地位，并研究编制智慧农牧、数字能源、智能制造、数字文旅

等重点领域专项规划。在盟市层面，基于地区和行业发展特点，形成具有内蒙古区域特色的数字经济发展方案，打造重点项目。

分行业制定行动方案。各行业主管部门根据产业数字化和数字产业化的发展趋势，结合内蒙古产业发展现状，分别制定数字化智能化转型行动方案。加强各部门对企业的指导，站在企业发展的角度，帮助企业分析问题、解决问题，并组织考察团、学习班、研讨会，共同研究行业数字化的发展路径、实施办法。

加强考核监督。完善评价体系，以评促建，以考促改。参照浙江等地做法，结合内蒙古实际，研究制定数字经济发展水平统计指标体系，签署领导干部目标责任状，将数字经济发展情况纳入各级政府领导班子业绩考核。开展定期评比分析、年度综合评价，编制内蒙古数字经济年度发展报告，对发展数字经济举措扎实、成效显著的地方政府予以专项激励。加强对数字经济重大项目的风险评估，严控公共项目建设预算，避免出现低效投资。

从数字经济发达省份引进一批干部。下决心“给位子”“给舞台”“给权力”，从东部沿海省份引进一批优秀干部，担任各级政府数字经济主管部门领导，特别优秀的可担任一把手。

二、加强面向企业的宣传引导，凝聚数字化转型发展共识

及时面向企业宣贯国家有关部委关于数字经济的最新政策措施，并学习行业智库对数字经济典型模式的总结提炼资料，整理并面向企业印发学习材料。组织内蒙古企业申报数字经济试点示范项目，并开展申报工作经验交流，深入挖掘具有推广意义的典型案例。对于内蒙

古获得数字经济相关的国家级试点示范项目、平台、企业、城市，自治区可加大追加奖补力度。引导内蒙古企业关注学习历年各项试点示范企业案例，主动对标区内外先进的数字化企业，研究适宜自身的数字化发展方略。

鼓励企业积极参加中国国际数字经济博览会、世界人工智能大会等大型活动，推广内蒙古知名品牌，努力促成一批具有较大影响力的数字经济企业、大项目在内蒙古落地，发挥引领示范作用。在呼和浩特或包头、鄂尔多斯、乌兰察布等地举办具有较大影响力的数字经济产业峰会、推介会、展会等活动，举办高标准、高质量和高效率的政学企联合研讨会、论坛，促进思想交流，吸引内蒙古企业关注数字经济发展前沿，研究转型思路。在展会和论坛上进行优质数字化服务产品营销，帮助数字化服务商认识到内蒙古企业数字化市场的巨大潜力，在内蒙古布设技术服务、管理咨询服务网络。组织已在内蒙古落地的数据中心定期整理可开放使用的数据资源，发布数据目录，在自治区统筹协调下开展“以数招商”活动，以充分发挥数据资源的价值。

定期组织内蒙古企业家去发达地区调研学习，了解与发达地区企业在数字技术基础、应用意识、应用能力上的差距，吸引专门人才到内蒙古企业工作，负责推动企业的数字化转型。在数字政府门户中专门设立数字经济门户，收集、整理和发布全球各国、我国各地发展数字经济的先进经验，宣传内蒙古数字经济示范企业、典型项目，为企业开辟在线学习交流数字经济的渠道。善于运用新媒体宣传内蒙古支柱产业、龙头企业，扩大社会知名度，形成全社会参与数字经济建设的热潮。

三、强化数字经济发展载体，完善企业数字化服务体系

发挥内蒙古优势产业、龙头企业的作用，率先实现数字化发展，引领行业发展理念变革、生产工艺和技术标准提升，促使落后企业进行数字化升级。引导龙头企业树立开放包容的发展模式，不要将优秀的数字化理念、技术视为“自留地”，而是要打造开放平台、积极对外服务，在帮扶中小企业进行数字化的过程中，学习借鉴其他企业的先进经验；通过牵头建立行业数字化平台，将分布在各盟市的企业组合为行业数字化联盟，增强对行业标准的掌控，改善本行业内蒙古企业的整体形象，形成技术优势互补、上下游渠道共建、线上线下同步合作的行业协作体系。

依托重点产业园区，提供产业数字化基础条件，由点到面带动企业数字化发展。针对已形成规模的产业集群，高水平建设新兴数字化园区，引进能够面向企业提供关键数字平台和解决方案的技术服务商入驻园区，吸引企业专业化集聚，形成若干产业特色鲜明的数字化园区。以包头稀土高新区等专业型园区为龙头，发展以园区为基础、对外辐射能力较强的工业互联网和智能制造公共服务平台。优化盟市、旗县级专业化园区布局，加快产业园区数字化升级，接入国家级工业互联网、智能制造平台。

以具有示范意义的数字化项目为契机，探索在各行业分别形成可推广复制的数字化解决方案，从龙头企业孵化一支本行业领域的数字化服务团队，为内蒙古其他企业开展数字化转型服务，帮助企业提升核心业务能力，解决企业面临的关键问题，真正把企业的核心竞争力建构在数字化体系之上。在自治区统筹扶持下，发挥盟市的积极性，

多渠道培育内蒙古本土的数字产业龙头企业。在不同的数字产业细分领域，通过电子信息制造企业服务化转型、“双创”团队孵化、外地企业整体迁入等不同方式，培育造就一批在全国范围内具有竞争力的企业，积极进军新兴数字产业领域。采取阶段性税收减免政策，鼓励国内外数字经济龙头企业在内蒙古成立子、分公司，将面向内蒙古的数字化服务等业务留在本地结算并形成收入和利润。支持本地龙头企业对内蒙古的数字化服务企业出资持股，与数字化服务龙头企业形成稳定的合作关系。

按照“数字化转型伙伴行动”总体要求，动员国内外优秀的数字化服务企业，为内蒙古企业提供普惠性“上云用数赋智”服务。针对内蒙古中小微企业的信息化发展需求，在云平台免费推出一批功能通用性较强、使用较简易、部分模块可自行定制化的企业信息化系统软件、工控应用软件包，吸引中小微企业上云。比照国家数字经济创新发展试验区的政策和经验，对企业用云进行专项补贴，引导企业进行信息技术服务外包，裁减已落后于时代的“信息中心”，通过“组团上云”，获得优质、低廉的信息化支撑，并接入行业内的公共信息平台，在信息网络中寻找合作机会，获得商业决策和科技研发的外部智力支撑，逐步将外部合作资源转化为企业自身的核心竞争力。

四、探索政企共建共享、经济社会效益并重的体制机制

设立数字产业专项基金。参照国家集成电路产业投资基金的基本模式，广泛发动区属能源企业、内蒙古其他龙头企业以及在内蒙古业务规模较大的中央企业，联合出资成立公司制的内蒙古数字产业投资基金，聘用专业化投资管理机构或团队，面向自治区内数字经济重点

企业开展股权投资。基金首期可募集 10 亿 ~20 亿元，重点投向服务于内蒙古企业的数字化服务商，而后根据基金投资进度和收益情况决定后期募集规模。

优化数字经济重点项目的方案设计及监管机制。对于从零开始建设的数字经济项目，要充分收集用户或社会公众对数字平台的功能需求，邀请多方共同出资、共同设计，一次性实现不同的功能需求。对于只有单一投资方的建设项目，也要加强监管和指引，从系统的易兼容性、软硬件的多功能性、智能终端的共享和开放性等方面，预留未来接入其他使用方、增加功能属性、开展系统升级的空间。

最大限度发挥数字经济的平台经济价值。向互联网平台企业开放适宜的渠道、接口、数据资源，以渠道换投资、用户换投资、数据换投资等方式，争取为内蒙古引入具有社会效益的基础平台项目。对优先考虑社会效益、形成网络规模效应后再产生直接经济效益的项目，政府可给予阶段性的补贴。对于能够利用国际平台、国家级平台的项目，自治区不再单另建设，鼓励本地企业结合内蒙古的需求特色，运用平台定制化接口，添加附加功能模块，完整实现本地需求。

在保证信息安全的前提下，适度放宽对政企合作建设项目的监管要求。允许多家企业在同一地区、同一领域同时开展试点试验项目，根据企业提供的产品和服务条件，比选决定最终的承建方。在同等条件下，优先选用支持过自治区数字公益项目、信息惠民项目的企业。取消对企业规模、资质等方面的不合理要求，允许中小企业组团竞标。落实国家进一步对外开放、放宽外资准入相关政策，支持外资通过成立境内实体等方式，满足监管条件，开展政企共建共享项目。

探索数字基础设施所有权和使用权阶段性分离的灵活机制。对于部分企业投资的数字基础设施，政府可与企业签订数年的租赁合同，或共享型租用合同。合理设置合同附加条款，根据项目建设的实际成效决定最终的费用分摊比例；对于达不到预设目标，或不满足共建共享原则、导致重复建设或快速淘汰的项目，政府可提前中止租用。

五、加强数据资源管理，更好发挥政务数据的经济价值

（一）加强对政务系统建设和数据资源管理的统筹协调

建立政府部门数据共享平台，各部门限期将数据或入口转移到平台上。各部门不再独立新建信息化项目，统一由政务大数据主管部门建设。以国际标准、国家标准为主导，加快研究、制定和推广内蒙古数字经济的统一技术标准，以标准通用化夯实培育数字经济的战略基础。推进公共数据采集、存储、管理、标签、开放、共享、接口、应用等技术环节的标准体系建设。借鉴浙江和贵州等地经验，探索“产业链＋价值链＋标准链”的发展路径，积极对接外部平台标准，完善数据质量、计量、技术、产品、安全、交易、评估等方面标准体系，利用成熟技术发展个性化运用，打通数字产业化和产业数字化转型的“肠梗阻”。

专栏16　　数字经济领域标准化的主要内容

基础通用标准。包括术语定义、系统和组件接口、数字化转型指南、检测方法、产品及数字化评估评价等基础、通用和共性标准。

关键技术标准。包括集成电路、基础软件、通信与网络、核心元器件、应用电子、量子通信、虚拟现实等数字化产业关键技术标准。

融合应用标准。包括互联网、物联网、云计算、大数据、人工智能、区块链等数字经济关键技术在传统产业领域的融合应用以及基于数字技术的新型生产、组织、服务模式标准。

金融服务标准。包括移动支付、借贷、保险、基金销售、信托和消费金融等数字化金融服务以及监管、准入、第三方存管、信息披露、网络安全、信用建设等方面标准。

数字化转型标准。围绕医疗、交通、物流、环保等领域数字化转型的技术、产品和服务标准。

——节选自《浙江省2018年数字经济领域标准化方案（意见征求稿）》

（二）妥善存管、充分利用政务数据资源

在建设数字政务平台过程中，明确各层级、各职能部门的权责范围，确定重点数据目标，统一数据格式标准，实现纵向数据整合、横向共享流动，打破因技术能力、体制机制、工作流程等各种原因造成的数据壁垒，不留信息孤岛、业务死角。注意整理原有系统和历史档案中的数据，提炼关键字段，在切换平台时加以导入录入，确保新旧数据衔接、可追溯查询。同时，加强信息安全建设，一要运用先进的信息安全技术，保障政务系统安全，二要制定严密有序的数据授权访问机制，按照岗位职责管理相应数据，三要加强数据管理人员特别是涉密人员的职业操守教育，增强保密意识和能力。

结合内蒙古经济结构和区域治理的特点，重点在能源、水利、环保、农牧、林草等领域，完善政务数据采集体系，构成内蒙古区域经济社会大数据的底本。特别是要运用物联网等技术，弥补基层部门人力的不足，构建起自动采集、自动分析的数据网络，保持数据指标的常态化更新。在此基础上，整合国家和自治区统计部门的经济社会统

计数据，选取重要指标，形成数据图形化、动态更新的“数据面板”，供自治区领导决策参考。针对已积累整理但仍未发挥价值的存量数据，设立专项研究课题，吸引区内外高水平的研究机构及人工智能、大数据企业，帮助自治区研究这部分数据的利用价值，探索形成具体方案。

（三）促进政企合作，形成开放共享的数据服务网络

在招商引资工作中探索“招商引数”，建立合理的激励机制，鼓励企业与政府共享一部分对区域经济有指向性、具有进一步分析挖掘价值的经营数据。重点吸引房地产、交通出行、电信、教育医疗平台等行业在全国范围内开展经营的龙头企业，研究区内外数据指标差异，帮助内蒙古掌握发达省区、可比先进省区的发展动向及经验。通过地方法规，建立探索性的数据赋权制度，以盟市、旗县经济数据为侧重点，搭建面向会员企业授权访问的内蒙古区域经济大数据平台，提供二次分析加工后的政务数据、企业数据，并形成上传得分、下载付费的市场化运行机制，逐步打造成数据交易中心。

向市场开放部分政府数据，通过政企战略合作，建立政企数据联通共享机制，充分挖掘政务大数据的商业价值，同时吸引龙头企业参与共建数字政府，使企业的资金、技术、人才为内蒙古数字政府建设所用。发挥金融、电商物流等线上线下结合型企业的积极性，参与共建信息惠民服务网络，实现政企数据共享。借鉴包头市与中国银行共建的“互联网＋政务服务”项目“鹿城之窗”，带动盟市、旗县基于各地数字政务需求特点，形成适宜的政企合作模式。

六、加强数字经济发展的支撑保障体系建设

（一）重视智力建设，补齐人力资源短板

引进前沿高端创新型人才。研究出台《内蒙古高层次数字人才遴选办法》《内蒙古高科技“百千万”人才工程》等专项政策，把数字经济领域急缺人才列入“草原英才”“鸿雁行动”等人才培育引进计划，大力引进高层次人才和团队，特别是要注重引进复合型和前沿型人才。加强企业、科研院所和高校之间的合作，建立博士后流动站，培育领先型创新人才。

构建起多样化的数字人才共享机制。内蒙古自治区与京津冀人才资源集聚区的时空距离较近，在数字发展人才不足的情况下，应充分利用合作共建项目、购买服务、柔性引进等方式，灵活多样地使京津冀数字人才为内蒙古所用。重点吸引系统架构设计、工业控制、软硬件接口、智能算法等高层次人才。

完善数字经济人才培育体系。系统学习欧美及我国发达地区教育改革经验，建立专业的数字经济师资人才队伍、科研体系、专业课程体系。依托著名高校、数字领先企业和科研院所，建立一批数字经济学院、数字经济重大工程实验室、双创园区、实习实践基地，在高校开设大数据、人工智能、云计算、数字娱乐、跨境电子商务、网络安全等方向的课程或者专业，培育一大批数字经济运用型工程师等实践型人才，充分激发本地人才运用数字技术创新创业活力。特别是结合内蒙古在我国数字经济体系中的分工定位，针对目前短缺的人才类型，培养一大批精通软件开发、数据库、算法、信息安全等专业技能人才，以及数字产品设计、商业模式、内容运营等综合岗位人才。鼓励企业

根据岗位需求，采取联合培养、委托培训等方式，培育“定制人才”。

优化人才激励机制。优化人力资源发展环境，强化人才吸引政策体系。打好“家乡牌”“亲情牌”，鼓励返乡创业，出台专门政策，吸引全国各地乃至全球的内蒙古籍数字经济人才回到内蒙古，成为内蒙古培育发展数字经济的中坚力量，把先进的理念、先进的技术、产业合作机会带回内蒙古。建立以市场、业绩、效益为核心的人才评价体系，探索市场化的人才评价激励机制。制定出台在收入、职称、住房、落户、子女教育等方面的优惠政策，打通人才上升和自由流动通道，不断增强内蒙古对人才的凝聚力、向心力，吸引人才留驻内蒙古长久发展。

强化数字经济的智力支撑体系。加强与国家高端智库合作，成立内蒙古数字经济专家咨询委员会和数字丝路（内蒙古）研究院，开展前沿和重大问题研究，为自治区决策提供具有战略性和前瞻性的咨询服务。

（二）加强网络空间安全和数字资源安全体系建设，强化数字经济的法治保障

打造全方位的信息安全技术屏障。确定信息安全重点防护范围，划定安全等级，确定相应防范措施，确保国家级数据中心的绝对安全，重点保护信息通信服务、能源网络、工业互联网、政务系统平台、交通网络、金融业务平台、官方媒体、医院学校等关键目标的信息安全，营造安全可靠的数字经济投资环境。邀请国内领先的信息安全解决方案企业，为内蒙古打造综合型信息安全防卫“天网”，建立点面结合的防护体系，实时监测来自境内外的各类安全威胁，全面预防、及时处置入侵风险，排查阻断病毒木马传播。在国际网络接口构筑信息安

全技术防线，严格执行国家关于网络信息安全方面的法规制度，率先推进核心软硬件国产化。吸取国内个别云平台故障和人为事故教训，加强企业内控、物理防护措施，鼓励开展信息备份管理、备用系统和备用电源建设。委托我国信息安全领域龙头企业，对内蒙古数据管理等从业人员集中开展信息安全技术培训和职业道德教育。

明确各方在数据管理中的权责，共同维护安定有序的网络空间。要求数据所有者、数据存储者对数据安全负责，数据使用者依法依规在授权范围内使用数据。加强对内蒙古从事云计算大数据等信息服务企业的监管，对于信息安全技术保障能力达不到要求的企业予以清理退出。对于可能涉及国家安全和公众利益的数据，要监督检查数据来源方、数据应用方之间的合作协议、采取的信息安全保护措施，防止敏感数据从第三方泄露。运用人工智能技术，提高智能化网络舆情分析、紧急情况处置能力，并进一步加强少数民族文字和外文信息检查分析能力，与有关国家共建绿色的“数字丝绸之路”。

加大对数字经济领域违法犯罪的打击力度。在市场监管等相关部门建立和充实数字经济领域的执法队伍，加强数字知识产权执法力度，一方面要严厉打击盗用数字技术、侵权盗版等行为，一方面也要限制知识产权侵权“碰瓷”型企业的生存空间。严格执行国家关于金融安全、信息安全等方面政策，加强对区块链、数字代币、网游交易平台的监管，严厉打击网络诈骗、境外在线赌博等互联网跨境犯罪，坚决打击利用社交媒体进行制假售假、恶意营销、非法传销的犯罪活动。

（三）增强金融服务数字经济的能力

加快金融机构和金融服务的数字化。以蒙商银行成立为契机，聘请一批高水平金融科技人才到内蒙古工作，引领内蒙古金融机构加快数字化业务平台建设，在强化内控体系、节约人力成本、运用大数据识别信用风险等方面逐步与大型商业银行看齐。搭建自治区小微借贷平台，形成在线监管机制，进一步规范互联网金融和民间借贷。运用区块链技术，加强对企业和个人的失信行为约束，通过充分的信息披露，对失信经营者进行市场化淘汰，改善内蒙古整体信用环境。鼓励内蒙古特色电商与大型电商平台对接，实现市场互认、渠道互通、数据共享。加强与大型保险机构的合作，鼓励内蒙古分支机构发展适合地广人稀地区的网络保险服务模式，设计适合小规模种植养殖业的网上农业保险产品。

为数字经济重点企业和项目提供中长期资金支持。抓住疫后重振实体经济的机会，将再贷款等金融扶持政策向数字经济领域的重点企业倾斜，并为传统产业龙头企业的数字化转型提供资金支持。积极对接开发性金融和政策性金融机构，推介匹配内蒙古数字农牧、数字能源、电商贸易物流等领域重大项目。加强与亚投行、丝路基金、中投公司等机构战略合作，推介内蒙古与有关国家共建“数字丝绸之路”的重点投资项目。

拓宽金融支持数字经济的渠道。培育选送内蒙古优质数字经济企业赴科创板、新三板挂牌融资，并开展创新型小微企业集中宣介、在线路演活动，吸引现代农业、大健康领域的产业投资基金，到内蒙古考察选取投资标的。引导更多小微企业特别是农牧特产经销商，与下游的批发商、超市开展线上交易结算，将所有数据纳入电商平台认证范围，从而凭借完整、可靠的经营数据获得在线融资。探索根据企业上云和用云量等情况，推出“云量贷”服务。在遵守有关金融监管法规的前提下，探索扶贫产业项目、数字公益项目的在线众筹渠道。

（四）转变政府投入方式，提高财政投资效率

顺应宏观政策，阶段性加大财政投入。抢抓疫后振兴经济、加大财政投入的机遇，向中央申请发行新型基础设施专项地方债，将增量资金主要用于具有中长期战略价值的投资项目。认定一批前期投资建设的数字基础设施项目，置换相应的平台债务，降低负债利息水平，缓解盟市、旗县债务压力。对数字经济优势显著、特色突出的盟市，要针对重点领域给予适当的财政倾斜，不断提升核心产业规模和发展水平。在市场导向的项目中坚持以企业为投资主体，政府积极利用风险补偿、贷款贴息、公益子项目无偿资助、完工后评估奖补等多种方式，放大财政资金的杠杆。

加强与中央国资的合作。发挥邻近首都、要素成本低廉、发展空间广阔等内蒙古特有优势，全面加强与电信、电子、金融、能源、航天军工、铁路、机械、钢铁、有色、农林、文旅等数字经济重点领域中央企业的合作，完善配套政策，加大宣传力度，引导中央企业将内蒙古选定为数字经济新技术新模式的试验场、开展重大项目的首选舞台。支持中央企业将驻内蒙古子、分公司确定为深化体制机制改革、实行混合所有制的试点示范单位，鼓励本地企业参与混改，扩增资本和资产规模，充实可用于数字经济项目投资的资金，形成投资合力。对于适宜纳入全国平台进行统筹运营的内蒙古数字资产，内蒙古国资可向央企出售资产或企业股权，获得未来可滚动投入内蒙古数字经济项目的资金。

高效集约建设公共项目。适度上收数字化相关公共建设项目审批管理权限，建立自治区数字政府、数字社会建设资金统筹管理机制，整合不同部门的数字化建设资金，做到“集中力量办大事”，从源头上避免分头建设、系统隔离、数据孤岛、资源浪费等问题。

以平台经济效应吸引社会资金参与共建。发挥数字经济的平台经济优势，通过广泛互联、政企协作，跨界形成数字生态系统，实现多方受益。在智能化园区基础设施、智能交通物流设施、智能充电桩、乡村公用智能终端等可以形成网络化规模效应的数字基础设施领域，采取全区统筹审批管理的方式，要求高标准、全覆盖式投资建设，并采取兼容性强的技术路径，避免恶性竞争、条块分割、多体系并行，从而为企业参建方提供良好的回报预期，激励企业加大投入。

鼓励企业投资项目升级为开放平台、公共项目。相关部门在贯彻国家部委有关试点示范政策、选送企业项目和申报奖励补助的同时，结合内蒙古实际情况，增加认定一批区级试点示范项目。转变过去以资金支持为主的方式，而要从调动企业创新积极性、改善企业融资环境的目标出发，积极进行“授牌”。不拘泥于国家设定的典型模式和口径，而要结合内蒙古数字经济创新发展的需求，及时跟进并肯定内蒙古企业的创新做法，因企施策，专门为企业量身定制适宜的试点示范称号，政企协同进行推广应用。对于有发展潜力的数字平台，在自治区统筹把握下，分别授予盟市级、自治区级试点示范平台、行业公共服务平台等称号，组织本地区同行业企业积极对接合作，扩大平台的影响力。

附件一

我国区域数字经济发展的特点及对内蒙古的启示

一、我国数字经济发展的整体态势

近年来，我国电子信息产业持续高速增长，自主创新能力显著提升，工业的信息化、智能化步伐加快。移动互联网实现了快速普及、升级换代，信息消费已成为重要的消费市场。服务业得到了互联网思维的普遍赋能，不断涌现新业态新模式，以效率提升的方式有效支撑了市场规模扩增。电子商务成为零售业的支柱，带动数字化的物流服务网络迅猛发展，并加快向小城镇和乡村地区覆盖。在多方面因素的共同作用下，数字经济占国民经济的比例不断上升，成为国民经济增长的关键动力。2019 年，我国数字经济总量为 35.8 万亿元左右，占 GDP 比重为 36.2%；数字经济总量名义的增长率为 15.6%，比 GDP 名义增速高一倍。数字经济的增长已成为我国经济增长的重要动力。

从数字经济的具体形态看，产业数字化是我国数字经济发展的主导力量。根据中国信息通信研究院的测算，产业数字化占数字经济的比重从 2005 年的 50% 左右提升到目前的 80% 左右。这意味着，过去一个时期，我国数字经济增长的主要动力在于已有产业的数字化。具体到各行业的数字化而言，2018 年我国服务业数字化对于服务业的贡献达到 35.9%，工业数字化对工业的贡献为 18.3%，而农业数字化的比例仅为 7.3%；从数字经济创造就业的情况看，第三产业为 1.3 亿个，第二产业为 0.5 亿个，而第一产业不足 0.2 亿个。考虑到服务业占我国 GDP 的比例已超过 50% 且还将继续上升，未来一个阶段，服务业仍是我国数字经济的主要增长点。

表1　数字经济在我国服务业典型细分行业所占比重（2018年）

排序	行业	数字经济比重
1	保险	56.4%
2	广播、电视、电影和影视录音制作	55.5%
3	资本市场服务	48.7%
4	货币金融和其他金融服务	48.6%
5	公共管理和社会组织	46.0%
6	专业技术服务	44.6%
7	邮政	42.7%
8	教育	40.0%
9	社会保障	39.1%
10	租赁	35.5%

数据来源：中国信息通信研究院。

二、内蒙古数字经济在全国所处的位置

由于内蒙古第一产业占比高于全国平均水平，第三产业占比低于全国平均水平，且第二产业以数字化贡献较低的能源及重化工等行业为主体，结合我国数字经济发展的阶段性特点看，内蒙古发展数字经济面对较为不利的产业结构，起步较为困难。根据国内数字经济领域知名研究机构的估算测评，2019 年，内蒙古数字经济占 GDP 仅为

23% 左右，远低于全国平均水平；尽管内蒙古经济总量在各省区市中排名为第 20 位，人均 GDP 排名为第 11 位，但数字经济发展水平在全国的排名仅为第 25~26 位（见表 2）。

近两年来，内蒙古积极引入大型数据中心，有效带动了与之配套的电子信息制造业发展，云计算存储服务等行业增速较快，软件开发市场快速发展，数字经济发展速度有了显著提高。从一些机构测算的短期增量指标上看，内蒙古数字经济已迈出追赶步伐，与全国平均水平的差距正在缩小。

表2　国内知名研究机构对内蒙古数字经济总体发展水平的评价

研究机构	报告评价周期（时点）	报告名称	内蒙古在31个省（自治区、直辖市）中的排名
中国信息通信研究院	2018年	中国数字经济发展与就业白皮书（2019年）	26
中国电子信息产业发展研究院（赛迪研究院）	2018~2019年	2019中国数字经济发展指数白皮书	26
腾讯研究院	2018年	数字中国指数报告2019	25
财新智库	2019年10月	2019年10月中国数字经济指数报告	21
	2019年6月	2019年6月中国数字经济指数报告	23
	2019年1月	2019年1月中国数字经济指数报告	26

数据来源：国研经济研究院整理。

在细分领域的排名上，内蒙古数字产业以及工业、农业数字化的排名均与整体排名基本一致，但服务业数字化水平的排名相对较高，处于全国中游，高于东北三省及云南、贵州（见图 1）。这表明，内蒙古在前一阶段已经努力做好了信息基础设施及数字化公共服务的全覆盖，服务业发展已经借助数字平台，在一定程度上克服了地域辽阔带来的分散发展问题。尽管服务业数字化是当前我国数字经济发展的主导力量，但由于内蒙古的产业结构特点所限，内蒙古服务业数字化的进展未能体现在总体排名上。未来一个阶段，内蒙古只有把第一产业和第二产业的数字化水平提升到全国中上游，数字经济的整体发展水平才会有显著改观。

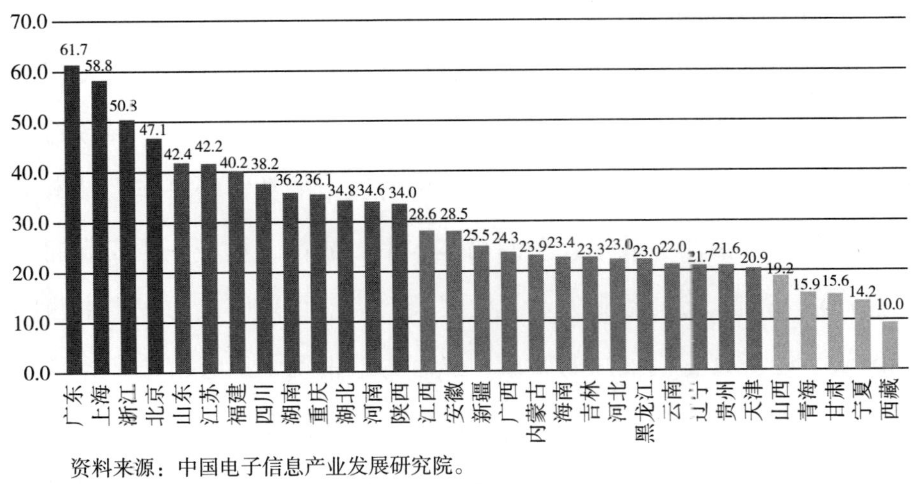

资料来源：中国电子信息产业发展研究院。

图1　2018年我国各省区市服务业数字化指数

三、西部和东北地区数字经济发展的特点

我国数字经济的区域发展呈现高度的不平衡性，具体表现为强烈的“胡焕庸线”分割效应。东南部地区不仅有更大的经济体量，数字经济占经济总量的比重也明显高于西北部地区，这意味着数字经济规模的差距就更为悬殊。

从省级行政区的层面看，由于数字经济需要规模集聚效应、现阶段增长主要依靠服务业特别是大型城市（发达城市群）承载的现代服务业，以都市经济为主导经济形态的四个直辖市发展数字经济具有天然优势；而地域面积大、中心城市辐射能力弱、难以集聚发展要素的省区发展数字经济就面临不利条件。数据显示，北京、上海作为我国现代服务业的中心城市，2019 年数字经济占 GDP 的比重已超过 50%，紧随其后的依次是广东、天津、江苏、浙江、福建等经济强省（市），数字经济也占到 GDP 的 40% 以上；而西部和东北地区除重庆外，数字经济占 GDP 的比例均未超过全国平均水平，大多低于 30%。

就西部和东北地区而言，主要城市之间地理距离往往较远；即使部分城市之间距离较近，也未充分形成差异化的分工定位，导致数字经济较难充分发挥集群效应。因此，中心城市的数字经济实力基本决定了全省（自治区）数字经济的总体水平：成都、重庆、西安既拥有信息产业基础，又具备服务业规模集聚效应，目前已成为我国中西部地区数字经济具有代表性的城市，强有力地带动了三省市数字经济发展，其中四川、重庆 2019 年已入选首批“国家数字经济创新发展试验区”。广西尽管没有首位度较高的中心城市，但在南宁和柳州形成服务业、制造业的差异化分工，农业集约化、数字化水平较高，主要城市之间产业密切互动，数字经济发展的整体态势良好。云南以数字旅游为抓手，强化了昆明作为旅游枢纽城市、消费中心城市的地位，带动全省数字经济加快发展。贵州则重点在贵阳布局大数据等产业，数字经济增速较快，其全国排名已高于经济发展水平所处的位置。内蒙古由于几个主要城市发展水平接近，首府城市呼和浩特未能充分集聚全区数字产业化的优质要素，导致自治区数字经济总体发展水平与广西、云南、贵州相比还存有一定差距（见表 3）。

表3　我国西部及东北地区中心城市对省域数字经济发展水平的支撑

省（自治区、直辖市）	数字经济发展水平全国排名	中心城市	在全国数字经济百强城市中的排名
四川	7	成都	5
陕西	13	西安	11
辽宁	14	沈阳	23
		大连	40

续表

省（自治区、直辖市）	数字经济发展水平全国排名	中心城市	在全国数字经济百强城市中的排名
重庆	15	重庆（城区）	6
广西	17	南宁 柳州	26 97
云南	20	昆明	20
贵州	21	贵阳	36
黑龙江	22	哈尔滨	31
吉林	24	长春	35
内蒙古	25	呼和浩特 包头 鄂尔多斯	76 未入榜 未入榜
甘肃	26	兰州	52
新疆	28	乌鲁木齐	69
宁夏	29	银川	93
青海	30	西宁	未入榜
西藏	31	拉萨	未入榜

数据来源：腾讯研究院。

四、对内蒙古数字经济发展思路的主要启示

从我国数字经济的整体发展情况和区域发展态势看，内蒙古数字经济要实现后发赶超，需立足内蒙古的优势产业，在产业数字化方面另辟蹊径，重点推进能源、农牧等数字化程度较低的行业加快数字化进程，形成鲜明的特色，在局部领域力争达到国内领先水平，实现引领发展。在制造业和服务业的数字化，以及数字政府、智慧城市等领域，内蒙古如果自行投资建设，可能出现高投入、低回报的问题，因而可以考虑对接我国已有的各大平台，或以创新试点的方式争取外部支持，引入并用好外部优质生产要素，分享我国数字经济发达地区带来的“数字红利”。在数字产业化方面，内蒙古应突出毗邻京津冀、向北开放的区位优势，完善面向国内国际的网络基础设施，积极参与“数字丝

绸之路”建设，充分承接国家级的计算存储中心及数据分析运用中心等功能，与贵州等省区实现差异化发展。

在各盟市数字经济的发展布局上，内蒙古需遵循平台经济集聚发展的规律，把呼和浩特打造成全区数字产业化的集聚地，同时为鄂尔多斯、乌兰察布、包头等其他重点盟市确立差异化的发展定位，形成密切互动的产业协作体系。

附件二

内蒙古产业数字化的发展现状

一、内蒙古产业数字化的主要进展

（一）农牧业数字化

内蒙古自治区农牧业数字化在主管部门信息化建设、打通各级业务平台、建设农畜产品生产数字化系统、构建农产品溯源体系、推进农产品电商发展等方面了取得了积极进展，生态治理数字化具备了部分技术条件。

农业部门具备信息化办公条件。目前内蒙古农牧厅及盟市、旗县农牧主管部门全部实现在线办公，已建立起自治区农牧业数据中心，完成视频会议系统开发，有四个盟市可将视频会议通到旗县。结合12316热线，农牧业部门通过运营公众号、客户端，实现了疫病防治、农牧业政策信息的宣传。

农牧业基础数据与各级业务数据平台实现垂直打通。土地确权数据系统已建立，与农业农村部数据打通，可在线查询地块的完整信息。农牧业品种基因资源数据库发展良好，已建成草种质基因库、奶牛种质资源库等，处于全国领先地位。农机鉴定和补贴发放数字化系统已实现从国家到旗县四级联动，可以快速查询各种流程手续的办理进度，确定补贴金额。

种植业数字化系统建设较为先进。一是农业农村部的四级监测农业系统已建设完成，可以实现全区农业生产的动态监测，并了解主要作物种植面积和调度情况，为农牧业生产决策提供了有效的信息，促进增产增收。二是植物保护数据平台发展良好，主要包括 2011 年开始建设的马铃薯疫病平台监测和防控平台，以及 2013 年建设的农作物重大病虫害的监测平台。植保数字化平台通过导入历史数据、构建分析模式、实时监测大田中病虫害发生情况，提前预警。2018 年，仅兴安盟一个盟就通过监测系统挽回损失 27 亿元。三是推进设施农业智能种植系统建设，通过智能配肥和水肥一体化实现精准灌溉、施肥，促进农业生产减肥减药。四是畜牧养殖的数字化发展中涌现出一批能够解决问题且具有特色的应用，如通过移动互联网技术和 GIS 系统，实现骆驼定位追踪功能，一年为一户骆驼牧民降低寻找骆驼的开支达 5000 元以上。

畜牧产品溯源体系取得一定成效。一是 2012 年自治区农牧厅绿色食品办公室投入 800 余万元建设资金，打造农畜产品质量信息追溯平台，目前覆盖 1632 家三品一标注册企业，汇集的产品数据信息达 30 万条，覆盖范围更广的新平台正在建设过程中。二是重点推进肉羊产品溯源体系建设。自治区经信厅于 2014 年推进肉羊耳标追溯体系的建设。2016 年自治区农牧业厅出台了《内蒙古自治区农牧业厅关于加强推进牧区肉羊全产业链追溯体系建设的意见》，通过引入耳标追溯的成熟技术，更新了耳标溯源平台。目前实现耳标追溯的肉羊每公斤价格比未进入追溯体系的高 4~5 元，获得市场认可。目前自治区规模在 500 万元以上的 1900 多家畜牧业加工企业都完成了数字化建设，品种管控、养殖监测和溯源体系较为完善。

农畜产品网络销售快速发展。国家级电子商务进农村综合示范县建设不断推进，县级电商产业园区逐渐完善。除电商平台对接之外，在返乡创业群体的带动下，直播带货、新媒体带货等新型电商推广模式也快速发展。

林草数据平台建设取得积极进展。中国科学院内蒙古草业研究中心基于 20 世纪 80 年代至今共三期的草原资源调查数据，自建草原资源数据平台。林业部门通过森林资源普查和公益林普查，储备了大量地形图 GIS（地理信息系统）和 DM（数据集市）数据，2016 年通过推进全国森林资源一张图建设，实现了自治区林业数字化系统发展。其中鄂尔多斯市林业局被评为全国数字林业核心平台数字化建设示范项目。林业系统还积极探索产业数字化赋能，打造林产品交易平台，展示 88 家林业龙头企业的产品。2018 年，林草局设立了内蒙古林草大数据平台建设项目，未来将建成由大数据支撑的管理服务系统，开发智能分析与可视化功能，并与草原数字化系统对接，实现融合发展。

（二）采矿、能源和制造业数字化

在第二产业，内蒙古稳步推进企业信息化，积极发展工业互联网、应用智能制造，建设了能源数字化平台。

深入推进两化深度融合。依托自治区两化融合服务联盟、自治区首席信息官（CIO）联盟，深入开展区域两化融合发展水平评估工作。积极探索精准贯标，深入企业进行贯标方向诊断，提供个性化指导和服务。截至 2019 年底，全区两化融合发展指数为 49.0，全国排名第 16 位（全国平均值为 54.5）。全区两化融合对标企业 3483 家，全国排名第 12 位。全区两化融合贯标企业 113 户，全国排名第 20 位。其中，国家级贯标试点企业 64 户，全国排名第 17 位。启动评定企业 46 户，全国排名第 20 位；通过评定企业 24 户，全国排名第 23 位。其中国家级试点通过评定企业 21 户，全国排名第 21 位。

实施“万企登云”工程。截至 2019 年底，自治区上云企业达到 10452 家（2018 年、2019 年分别登云 7735 家、2717 家），累计为登云企业节省信息化资金投入 1.86 亿元。推动开放自治区云服务市场，主动对接区内外优秀服务商，先后认定了 2 批 54 家云服务商。举办宣讲培训会 311 场，累计培训 18784 人次。建设自治区万企登云公共服务系统，上线五大领域、76 类服务、212 个云端应用产品，为企业提供一站式、全方位的云端服务。持续降低企业登云成本，通过壮大应用规模，与服务商协商进一步降低云产品和服务价格，持续降低企业登云费用。航天云网将 7 款主流产品免费开放给登云企业，针对登云企业开展了专项优惠活动，2019 年自治区云产品及云服务价格平均下降 15%。

建设智慧矿山。包钢集团在白云矿区应用了 5G 条件下无人车辆和无人机等先进技术，完善智能化监控体系，显著改善工人作业环境。鄂尔多斯智慧能源平台实现对矿区现场的网络直连，建立了矿区作业视频监控体系。本土煤炭企业信息化水平不断提升，加快应用智能化采掘机械。

建立能源数字化管理平台。启动智慧能源大数据平台建设，设计搭建“1+3+1”平台，1 个能源综合展示平台，3 个专业平台（“煤炭平台”“电力和新能源平台”“油气和煤制燃料平台”），1 个“油气长输管线安全监管平台”，平台目标实现四大主要功能“业务支持功能、决策辅助功能、宣传展示功能、服务管理功能”。鄂尔多斯智慧能源平台建成投用，汇总了各煤炭企业、各个矿区的信息，建立了视频监控和调度系统，实现了对煤炭开采、销售的全过程监管。乌兰察布能源管控平台一期建成，截至目前接入企业 94 户，已有数据采集点 7235 个，有效数据 37 亿条，日数据产生量 720 万条。利用已产生的平台数据，进行大数据分析和挖掘，建立数字模型，在产品降耗和提升质量上为企业提供数据服务，计划采取合同能源管理模式，试点为企业免费安装尾气发电装置，通过节能降费与企业分成。包头青山电器旗下的“青电云平台”经过了三年的开发应用，为企业用户提供变配电站智能化托管运维、“企业电网云服务平台”建设运营、配售电智慧云平台建设运营、能效管理平台建设运营、用户电力需求侧相关增值服务及城市（园区）智慧能源运营等各类智能化能源服务，主要服务国家电网体系较难覆盖的“最后一公里”供电末端，现有 500 多家上线用户。

加快发展工业互联网。目前全区已建成国家级工业互联网行业平台 1 个（一机万佳协同制造平台），自治区级平台 10 个。其中，一机万佳在全国范围内拥有注册会员企业 1.4 万家，联网设备 602 台，2019 年申报的“包头装备制造产业聚集区工业互联网平台试验测试环境建设项目”中标国家高质量发展专项工业互联网创新发展工程项目，获国家资金支持 5000 万元。伊利婴幼儿奶粉生产网络化改造、煤易通科技公司煤炭智慧运销平台入选工信部工业互联网示范项目。

开展智能制造示范试点。支持智能企业、智能工厂、智能车间示范项目建设，推动中蒙药、农畜产品加工、煤化工、电解铝、铁合金等优势特色产业转型升级，实现机器换人。在专项工作方面，一是积极争取国家对自治区智能制造应用推广的支持和指导：2016~2018 年，自治区 8 个智能制造项目获得国家智能制造新模式应用及标准化项目资金支持；中煤蒙大集团煤化工智能制造等 4 个项目入选国家智能制造试点示范项目。二是启动自治区级智能制造示范试点工作：2017~2018 年，围绕建设数字化工厂（车间）、网络协同制造、大规模个性化定制、远程运维服务等模式，遴选出 13 个已经建成的智能制造提质增效优势突出的新模式项目予以奖励。蒙牛集团获得 2019 年国家智能制造标杆企业称号。三是加强智能制造适用人才培养：引导职业技术院校调整学科专业和改进培养模式，培养智能制造高级技工，联合自治区各委办局举办了三届全国工业机器人技术应用技能大赛内蒙古选拔赛。每年举办一期智能制造培训班，对基层和重点企业从事智能制造管理和技术人员进行培训。四是积极开展政策研究。2019 年，起草《内蒙古自治区智能制造三年行动计划》并加紧制定《2020 年内蒙古自治区智能制造实施方案》等。

（三）服务业数字化

近年来，内蒙古自治区在文化旅游、商贸物流等领域积极应用数字技术，各项工作取得了阶段性的进展。

提供数字文化惠民服务。内蒙古自治区自 2012 年起推动开展“数字文化走进蒙古包”工程。在农牧区苏木乡镇，增设“数字加油站”，提供网络接入条件，农牧民可以借助无线 Wi-Fi 网络，在智能手机等移动终端安装 App 客户端软件后，实现在线阅读、在线观看和离线下载丰富的数字文化资源，有效解决了基层农牧民无法获取优秀文化数字资源的难题，具有免费、全天候、“人人通”、提供蒙汉双语资源等服务特点。目前已在 11 个盟市、35 个旗县建设数字加油站 1690 个，服务地域面积达 60 余万平方公里，累计服务农牧民 300 余万人。

推进公共文化服务云平台建设。2013 年 7 月，文化信息资源共享工程内蒙古分中心成为全国第二批公共文化服务云平台建设单位，目前，基础平台已搭建完毕，并与国家中心实现联网运行。自治区中心上传本地应用 7 个，全区 12 个盟市都完成了云平台设备采购和平台搭建，包头市、通辽市等盟市完成了与国家的连接，其他盟市、旗县的平台接入正在进行中。

推进数字图书馆推广工程建设。内蒙古图书馆于 2014 年、2015 年分别完成了数字图书馆硬件平台搭建任务。自治区 12 个盟市公共图书馆都完成了数字图书馆硬件平台搭建任务。内蒙古图书馆完成了与国家图书馆 150M 光纤专线联通。包头市图书馆、通辽市图书馆联通了虚拟网和专线。在软件系统方面完成了统一用户平台、唯一标示符平台、政府公开整合平台、选配运行管理平台建设。

自主研发蒙古文信息服务系统。内蒙古图书馆于 2013 年开始研发“彩虹系统”即“蒙古文公益服务管理平台”，解决了蒙古文标准编码、蒙古文录入、显示、检索等一系列的蒙古文信息化难题，为蒙文文献的编目、检索、数字化等提供了可靠的技术平台，也成为了全国首家实现汉文和少数民族地区主体语言并行自动化管理的省级公共图书馆。目前彩虹系统已在自治区图书馆和 8 个盟市、旗县图书馆部署使用。

推动民族语言文化数字资源建设。2011 年起，自治区完成了《红色记忆—内蒙古红色革命纪念场所网上展厅》《内蒙古三少民族多媒体资源库（鄂伦春族子库）》等 16 个资源建设项目。2013 年，自治区成立了“全国文化信息资源共享工程蒙古语资源建设中心”，为文化部全国公共文化发展中心与地方分中心合作，在民族地区建立的第一家少数民族语言资源建设中心，目前已完成 2200 小时的汉译蒙视频资源建设任务。

建设数字化博物馆、文化馆。自治区政府于2017年投资4300万元建设内蒙古自治区智慧博物馆，内容主要包括文化遗产藏品数字化、文化遗产古建筑数字化、文物数字化信息档案库，在内蒙古博物院和民族解放纪念馆分别建设了数字展厅，建设了“虚拟漫游元上都”、“演绎草原文化故事”等展示项目，此项工程目前正在整改完善中。其余盟市博物馆也在开展数字博物馆建设工作，相关项目已处于试运行阶段。内蒙古博物院、呼和浩特博物馆、赤峰市博物馆、鄂尔多斯市博物馆、鄂尔多斯青铜器博物馆先后开展了对馆藏珍贵文物3D数字扫描项目，逐步实现了文物保护的数字化。依托内蒙古文化馆，建设了“内蒙古文化云”，包括内蒙古文化云平台网站集群、内蒙古文化云平台App，内蒙古公共文化数字资源库等。目前，内蒙古文化资源库已有数字文化资源999.1G。内蒙古文化云平台已经实现了与国家公共文化云平台的数据对接，正在建设与自治区盟市、旗县文化馆数字平台的数据对接。

建设文化旅游大数据平台。整合内蒙古自治区文化旅游资源，发挥公众服务、行业监管、文旅营销等功能，2019年10月与内蒙古联通公司签订合同，根据内蒙古自治区文化和旅游产业信息化的发展现状，结合云计算、“互联网+”、大数据、区块链等先进的信息技术，按照“两中心、三平台”的架构内容建设内蒙古文化和旅游大数据平台，其中，“两中心”即文化旅游融合发展大数据中心和文化旅游指挥中心，“三平台”即文旅产业监测平台、文旅公共服务平台、文旅数据资源采集交换平台。

推进旅游服务设施的数字化。A级旅游景区开展了智慧旅游景区数字化建设。大部分景区实现了Wi-Fi覆盖，智能导览、解说系统、网上预订系统、自动售票系统得到普遍应用。星级酒店也按照智慧酒店要求开展了数字化工作。部分高星级酒店实现了智慧管理、智慧服务、数字化体验等。

依托中心城市发展特色电商集聚区。呼和浩特被确定为跨境电子商务综合试验区，建设了金桥、金川、新城、农牧、盛乐5家电商集聚区，总规模达20多万平方米，集聚电商及相关企业600余家，2019年电子商务交易额突破千亿元。包头国家电子商务示范基地借力“互联网+钢铁”，推动钢铁全产业链的运营协调和整体优化。通辽国家级电子商务园区逐步发展为蒙东地区电子商务产业辐射中心。

大力实施电商物流扶贫。完善农村物流服务体系，推动建立农村产品电子商务供应链体系，充分发挥电商进农村带动农民增收的实践效果。截至2019年8月底，自治区建立县域电商物流公共服务中心44个，乡镇级电商服务站243个，村级电商服务站4001个。电商扶贫工作在农牧区电商服务站覆盖建档立卡贫困村1585个，覆盖率为56.89%，累计服务建档立卡贫困户47.06万人次。

二、内蒙古产业数字化存在的主要问题

从整体上看，内蒙古产业数字化水平仍然较低，相当多的细分领域仍属空白。传统产业数字化升级改造程度不足，缺乏能够为内蒙古优势特色产业提供数字化解决方案的本地龙头企业，数字经济生态尚未形成。

在第一产业方面，内蒙古农业数字化处在起步阶段，大多数规模化种植、养殖基地的数字化设施投入仍然不足，农业市场分析预测能

力薄弱，农业应对自然风险、市场风险的能力相对欠缺。农林牧业与生态环境监测保护的整体数字化机制尚未建立，主管部门无法全面掌握、实时分析农业消耗生态资源的情况，对于开垦放牧造成的荒漠化、地下水过度开采等问题，缺乏智能化、动态化监管机制。

在第二产业方面，内蒙古已有的能源互联网还未进入调节能源市场的层面。内蒙古工业企业数字化水平参差不齐，相当一部分企业对数字化的认识还停留在“企业管理信息化”的层面，缺乏对智能制造技术的主动探索。内蒙古工业互联网基础设施建设滞后，诸多制造门类的企业处于单打独斗状态，尚未实现网络化协同制造。一些行业龙头企业尽管实现了高度数字化的生产运营，但其研发设计平台、生产加工装备、信息管理体系等关键要素依赖国外，难以转化形成自身的核心竞争力。

在第三产业方面，内蒙古知名品牌的网络宣传较为欠缺，本地特色电商的影响力不足，尚未组建联盟化、集团化的电商网络，致使内蒙古诸多名优特产销路受限、难以实现优质优价。贸易物流信息化仍不充分便利，局部地区的通关、调度仍不顺畅。相比于我国西部一些省市，内蒙古“网红城市”“网红打卡地”十分欠缺，旅游业未能通过数字旅游平台、数字旅游应用吸引客流。本地的互联网金融体系尚未建立，民间信用信息尚待进一步整合。自治区优质教育、医疗资源急需通过网络平台加以整合共享。

附件三

内蒙古数字产业发展研究

一、电子信息产品制造

（一）内蒙古电子信息制造业面临的外部形势

电子信息制造业是发展数字经济的基础产业，主要包括电子材料、集成电路、计算存储设备、通信设备、显示硬件、消费电子产品以及专用电子设备等众多细分产业。

当前，电子信息制造业是全球制造业的主要增长点、市场竞争焦点。由于集成电路的工艺发展已逼近硅半导体的理论极限，传统的“摩尔定律”发展路线面临瓶颈，新一代技术的替代将成为未来的发展方向。因此，发达国家加大对化合物半导体、量子计算的研发投入。未来可能出现颠覆性的重大创新突破；在智能化、信息消费需求带动下，人工智能专用芯片、新型显示成为新的热点领域。

近几年来，我国加大研发投入，力争实现集成电路的国产化，部分产品已具备国产替代的条件。计算存储设备、通信设备的产业链加快向我国转移，国产软硬件生态系统初见雏形，5G、柔性显示、人工智能芯片等领域具备全球竞争力，随着东部地区电子信息制造业的转型升级，部分细分产业和环节将加快向内蒙古等中西部省区转移。

（二）内蒙古电子信息制造业的发展现状与问题

内蒙古电子信息制造业发展基础薄弱，曾以硅材料加工为主体，缺乏芯片设计制造、下游的成品制造环节。近几年来，内蒙古电子信息制造业进入的细分领域迅速增多，发展速度显著加快，已经开启新旧动能转换。2019 年，内蒙古规模以上电子信息制造业增加值增长了 58.6%，增速较前几年大幅提高。

内蒙古电子信息制造业的发展，主要有三方面的新动能：一是随着内蒙古各大云计算存储中心的陆续建成，对计算存储设备的需求迅速增加，硬件企业开始在内蒙古投资设厂，实现本地化组装。二是内蒙古实施智能制造、建设工业互联网的进程，带动了物联网、测控传感设备制造企业，在内蒙古实现规模化发展。三是由于东部沿海地区的成本上升，手机、智能家电等智能终端产业的劳动密集环节开始向内蒙古转移。

目前，内蒙古电子信息制造业整体仍处于低端。由于缺乏本地龙头企业，内蒙古电子信息制造业仍以加工装配为主，原始技术创新较少，未能形成“研发—制造—服务”整个链条的本地化。尽管电子信息制造业是高附加值产业，是能够支撑大城市发展的主要制造业门类之一，内蒙古却因较少占据其高附加值环节，在利润分享、高层次就业机会创造上，与东部地区存在巨大差距，未能真正发挥这一产业门类在区域经济发展中的引领带动作用。

（三）内蒙古电子信息制造业的未来发展思路、产业布局

为了夯实内蒙古培育发展数字经济的基础、集聚信息技术人才、活跃产业生态，内蒙古仍应大力发展电子信息制造业，特别是发展产业链中下游的产品制造环节。在欠缺比较优势的情况下，内蒙古电子信息制造业应坚持需求牵引的导向，立足于本地区产业数字化对先进电子设备的需求，积极引入具备自主研发能力的行业龙头企业，结合内蒙古各行业的具体应用，在内蒙古建设定制开发中心、专门生产线，推动产品功能创新，形成具有内蒙古特色的电子产品目录。重点引进国产化电子信息产品制造项目，推动电子信息制造业的军民融合发展。

在呼和浩特城区建设电子信息制造业研发中心、运营管理中心和产品演示展销中心，促进国内外知名的电子产品品牌在呼和浩特设立区域销售代理、运维服务管理机构。和林格尔新区加快集聚计算存储设备制造业，主要面向内蒙古乃至整个北方地区的市场需求，以及俄蒙、中亚等出口市场，建成高性能服务器制造基地。围绕智能化种植养殖、食品加工装备、农产品电子标记、智慧城市、生态环境监测等需求，在呼和浩特建设相应的电子产品研发制造基地，在锡林郭勒盟、巴彦淖尔等地建设电子产品配套服务中心。围绕能源智能化输配、工业互联网、智能装备制造等需求，在包头等地发展军民融合型计算存储设备制造基地，同时布局物联网、汽车电子等专用电子产品制造。积极承接沿海发达地区的电子信息制造业转移，在赤峰、通辽等地建设产业园区，扩增装配加工规模，逐步延伸产业链条。

二、云计算大数据

（一）内蒙古云计算大数据产业面临的外部形势

计算存储服务及附加的信息技术服务，以及海量数据的开发利用衍生的信息服务业，可归为云计算大数据产业。云计算大数据产业是数字经济的标志性产业，需求来源于各行各业，能够带动不同行业新技术、新商业模式的交融互通，促进跨行业的协同创新。

采用云计算、云存储方式，将政府部门、企业组织等各类机构的信息中心托管到专业化的“云服务”提供商，能够大幅降低信息化的成本，已成为全球信息化的主流趋势。随着全社会信息化水平的进一步提高，云服务市场仍有广阔的发展空间。目前，以亚马逊、阿里巴巴等信息技术巨头为代表的云服务提供商，提供的云服务早已超过了简单的计算存储服务。云服务商结合企业的需求，还会提供模块化的企业管理信息系统、门户网站及客户服务系统，可定制开发的软件工具，直至行业信息化解决方案，形成了以计算存储为基础平台、各类增值服务为主体的商业模式。中小企业完全可以采用这一整套信息技术服务，彻底免去专门的信息化部门、岗位。

数据资源的再次开发利用，是发挥信息价值、优化资源配置的重要途径。“大数据”的商业模式最早起源于提供计算机数据库软件服务的企业，依托软件平台，逐步增加数据管理、数据分析等增值服务。近年来，随着数据分析任务逐步专业化，出现了一些专门从事数据分析服务的大数据企业新锐。“大数据”有望从数据所有者、数据存储服务商中独立出来，形成一个新兴产业。我国互联网应用行业的快速发展，提供了海量的数据，为大数据产业的发展创造了最佳的机会。

但由于政府数据公开进程的滞后，政企大数据还未真正打通、整合利用。大多数行业所积累数据的商业价值有待进一步开发。

（二）内蒙古云计算大数据产业的发展现状与问题

网络基础设施是发展云计算大数据产业的基本条件。内蒙古已建成中蒙俄国际光缆及乌兰察布市、鄂尔多斯市进京直通光缆；呼和浩特成为“宽带中国”示范城市，呼和浩特国家级互联网骨干直联点获批，正在争取和林格尔新区国际互联网数据专用通道，全区网络出区带宽达 18.97T（含数据中心），担当我国云计算存储中心的网络条件日益完善。

依托内蒙古的能源、气候、空间、区位等综合优势，内蒙古积极招商引资，建成一大批国家级的数据存储服务中心。全区数据中心服务器装机能力突破112万台，居全国首位，形成了呼和浩特（和林格尔）、乌兰察布、鄂尔多斯三个“数据中心城市”。围绕服务器翻新、循环利用、设备融资租赁的现代服务业企业，围绕安全可控的系统集成企业也已落地。在大数据的产业化方面，建成全国首个数据资产评估中心，依托数据资源，开展了“以数招商”。伊利、蒙草等行业龙头企业建立了研发大数据平台，具备了提供数据服务的能力。中国中药材产业链大数据服务平台实现了中药材 O2O（在线离线 / 线上到线下）交易。

内蒙古云计算大数据的产业化还处于起步阶段。目前，内蒙古实现了运算能力、存储能力的集聚，来自不同领域的海量数据放在内蒙古、进出内蒙古，“酒肉穿肠过”，并未形成互动交流。能够管理数据、运用数据的高端人才没有来到内蒙古，数据中心的产业化停留在硬件运维的层面。一些大型数据中心以“托管机房”的方式，将富余的计算能力、存储空间外租给其他企业，缺乏提供增值服务能力。

（三）内蒙古云计算大数据产业的未来发展思路、产业布局

我国云计算产业面临与美国IT巨头的激烈竞争，大数据产业化的具体路径和机制还需进一步探索。对内蒙古而言，随着高铁连入全国网络，应当抓住机遇，利用好海量数据资源，充分吸引企业、人才，成为我国云计算大数据产业发展的主阵地之一。具体应做好几方面的工作：第一，围绕数据中心软硬件运维服务等领域，举办大型展会、论坛，增进政府部门、大型企业等数据存储用户方代表在内蒙古的交流，共同研讨数据中心建设与对外服务、云计算配套产业等方面的问题，逐步形成定期的线下交流合作机制。第二，依托数据资源，以及靠近北京地区客户资源的优势，采取鼓励政策，培育和吸引一批从事数据分析服务的中小企业植根于内蒙古发展，在内蒙古就地运用大数据。第三，抓住“数字丝绸之路”的机遇，进一步畅通国际数据通道，面向俄蒙、中亚等地区提供计算存储服务，扩大内蒙古云计算大数据产业的国际影响力。第四，结合产业数字化进程，依托行业龙头企业，在农牧业选种选育、食品加工、蒙中医药、生态环保等领域进一步发展行业大数据，依托数据资源，增强内蒙古优势产业领域对其所在产业链的掌控能力。

在云计算大数据产业的布局上，应当基于已有企业、项目，引导各数据中心城市形成差异化的分工定位，促进专业化集聚。呼和浩特（和林格尔）主要承担国家级的政务、金融、通信、交通等数据中心，以政务大数据为核心，连接中央企业数据，服务于国家现代化治理体系和治理能力建设。在信息安全、公共安全、网格化社会治理应用等方向实现产业孵化。乌兰察布可侧重于国际化云计算中心建设，重点吸引国内外云计算企业巨头，布设云服务中心，利用高铁等交通便捷

优势，吸引北京的互联网企业设立数据中后台服务基地。鄂尔多斯、包头等城市的云计算大数据基地则主要吸引工业、能源、物流等领域的企业，依托物联网、智慧城市、工业互联网产生的数据，发展相应的大数据产业。二连浩特、满洲里围绕“丝绸之路数据港”发展数据处理、代理服务、信息通信接口服务等新业态。

三、人工智能

（一）内蒙古人工智能产业面临的外部形势

人工智能技术经过几十年的发展，已经到了普及应用和产业化的阶段。人工智能技术的应用，是当前新一轮科技革命与产业变革的主要推动力之一，是数字经济的重要发展前沿。

人工智能对人力劳动的替代，尤其是“算法 + 机器”对高技能型脑体结合劳动的替代，已成为人工智能商业应用的重点领域。在自动驾驶、医疗诊断、教育培训、语言处理、金融投资、法律服务等诸多领域，人工智能已呈现良好的应用场景，一些商业模式已经投入运行。参照谷歌 Alpha Go 等典型的人工智能应用发展路径，按照机器学习、人机协作、机器替代的发展步骤，未来还将有一大批的人工智能技术逐步替代人的劳动。各行业都需要将技术知识进化为算法，将研发体系搭建在人工智能辅助的研发测试平台上。与之相对应的，需要各行业的专业技术人才尽快掌握并适应信息化、智能化技术工具。

人工智能成为全球科技和产业发展热点以来，我国急起直追，人工智能领域的创新创业企业大量涌现，部分细分领域已走在全球前列。对内蒙古而言，依托特色产业、大数据资源等条件，可以在我国人工智能产业分工中占据一定位置，并且形成内蒙古的优势特色。

（二）内蒙古人工智能产业的发展现状与问题

内蒙古依托大数据资源优势，吸引国内外人工智能龙头企业在内蒙古发展分支机构。与微软合作的自治区首家大数据、人工智能应用孵化基地入孵签约企业达 17 家，促进了先进人工智能技术向内蒙古产业应用的迁移。百度创新中心在乌兰察布投入运营，将加快人工智能技术在内蒙古的孵化转化。旷视科技在和林格尔建设了人工智能超算平台，为我国人工智能技术的发展提供重要支撑。此外，一些呼叫中心正采用人工智能辅助技术，提高智能化服务能力。

内蒙古人工智能产业发展刚刚起步，“大数据 + 人工智能”的智能经济集群效应有待发挥，人工智能与内蒙古优势特色产业的结合程度不深，以产业应用拉动人工智能技术发展的态势尚未形成。

（三）内蒙古人工智能产业的未来发展思路、产业布局

在全球智能化的浪潮中，内蒙古不进则退，必须主动迎战。尽管内蒙古尚缺乏以人工智能为主业的本地企业，但在发展智能化能源网络、智慧城市、智慧农牧业的过程中，相关企业可探索从人工智能应用逐渐延伸到人工智能研发环节，发挥行业知识、经验积累，配合人工智能技术原创企业，进行具体的智能化算法定制开发，或设计制造本行业专用的、集成人工智能算法的智能终端。

人工智能产业布局应遵循集约原则。突出呼和浩特在内蒙古人工智能基础研发中的引领地位，在包头、鄂尔多斯等地布局内蒙古优势特色产业的人工智能应用服务。在乌兰察布等地发展智能呼叫中心、语音识别等人工智能辅助服务。在赤峰、通辽等地发展人工智能所需的信息标注、算法测试等配套服务。

四、地理信息与卫星应用

（一）内蒙古地理信息与卫星应用产业面临的外部形势

地理信息产业是以现代测绘和地理信息系统、遥感、卫星导航定位等技术为基础，以地理信息开发利用为核心，从事地理信息获取、处理、应用的战略性产业，是数字经济发展的重要基石，也是现代化经济体系的重要支撑。在新一轮科技革命与产业变革中，经济社会的智能化，需要以地理信息作为重要的基础条件。智慧交通物流、智慧城市、智慧乡村、智能化生态环境保护体系的发展，都离不开地理信息系统及数据的应用。

运用卫星进行高精准度的地理信息测绘，实现“天地一体”，发展相关产业应用，已成为当前数字产业发展的又一热点领域。由于美国 GPS（全球定位系统）组网较早，基于 GPS 的地理信息产业链一直占据主流，也使得全球地理信息产业的主导权长期掌握在美国企业手中。目前，北美、欧洲是全球主要的地理信息市场，亚洲、非洲地理信息市场与地域面积、人口规模仍不相匹配，增长潜力巨大。如不尽快培育本地企业，未来的增量市场也将被美国等发达国家企业所占有。

我国地理信息产业起步较晚。自“北斗”项目启动以来，全国各地对地理信息产业的重视程度显著提升，“北斗产业园”遍地开花。一批拥有自主研发能力的本土地理信息技术企业快速成长，具备了一定的市场竞争力。但受到国家政策的约束，我国国土空间信息的利用率不高，大量基础数据处于“静默存放”状态，未能满足国民经济各行业快速增长的需求。北斗产业链还有很多环节较为薄弱或处于缺失状态，产业生态体系尚无法抗衡 GPS，整个地理信息产业的自主可控性仍然较低。

（二）内蒙古地理信息与卫星应用产业的发展现状与问题

内蒙古地域辽阔，地貌形态多样，在维护国家战略安全、生态安全等方面担负重要使命，对地理信息服务的需求空间广阔。但由于资金、人才等方面的限制，内蒙古地理信息资源的利用率较低，自然资源勘测、生态环境监测信息的共享渠道不畅，地理信息产业基本处于空白。结合内蒙古的科技和产业基础，内蒙古可以在局部领域尝试突破。目前，北斗信息综合服务平台已落户呼和浩特赛罕区；和林格尔新区正在打造国内首个建筑信息模型（BIM）产业集聚区，依托高校、企业联合培养 BIM 技术人才，力争成为 BIM 技术服务输出基地。

（三）内蒙古地理信息与卫星应用产业的未来发展思路、产业布局

内蒙古应坚持以本地应用为导向，培育适应于内蒙古市场需求的地理信息与卫星应用技术企业，为自然资源和生态环境的监测提供基础数据支持。注重与沿海发达地区地理信息产业分工的差异化，坚持在 BIM 领域加大投入，依托北斗产业生态，实现我国建筑信息的精准化、动态化。探索地理信息与建筑信息整合，发展智慧城市基础平台业务、存量房产大数据业务。

借助数据存储服务能力，引导地理信息与卫星应用企业的技术研发和数据存储职能向呼和浩特集聚，力争打造我国地理信息产业的新兴增长极。依托航天基地，在阿拉善发展卫星技术服务保障相关产业。在兴安盟、锡林郭勒盟、巴彦淖尔、阿拉善等地分别建设林地、草原、湿地、沙地等不同地貌的自然资源和生态环境监测分析研究基地，培育相关的地理信息技术服务企业。

五、软件与信息技术服务

（一）内蒙古软件和信息技术服务业面临的外部形势

软件和信息技术服务业主要包括基础软件、行业专用软件、企业系统开发集成以及信息技术服务外包等门类，能够创造大量的城镇就业机会，是广泛服务于一、二、三产业数字化，以及数字政府和数字社会建设的基础产业。在“软件定义”的时代，软件开发相关产业的竞争力，已成为国民经济综合竞争力的重要组成部分。

当前，“云服务”成为全球信息化的主要趋势，“模块化＋少量定制”可以满足大多数的信息化需求，针对单一客户的软件开发需求日益向各行业头部企业集中，这意味着传统意义上的软件行业正面临深刻变革。针对存量信息系统的集成、互通、迁移等需求，以及信息安全保障等特定需求，成为软件市场增量的重心所在。结合行业需求、兼具大数据、人工智能等功能属性的专用软件（开发平台）成为软件行业重要的利润来源。这就要求软件企业具备专业领域开发能力，不断适应市场需求的变化。

我国软件行业起步较晚。由于计算机硬件长期依赖国外，通用基础软件始终受制于人；工业软件的发展也相对滞后，与发达国家差距较大。近年来，在国家政策扶持下，我国自主可控的软件体系正在建立。软件行业的盈利模式更为多元，知识产权保护取得积极进展。软件产业在沿海发达地区、区域中心城市聚集，人才队伍快速壮大。

（二）内蒙古软件和信息技术服务业的发展现状与问题

内蒙古软件和信息技术服务业的发展，不仅关系到内蒙古发展数字经济的全局，也是内蒙古中心城市支撑“总部经济”、提升发展能级的必要条件。近年来，软件行业的发展成为内蒙古新旧动能转换的一大亮点。其中，信息安全、软件外包等细分领域快速发展，成为驱动内蒙古软件行业发展的主要动力。在重点园区方面，位于包头稀土高新区的内蒙古软件园 2019 年全年营业收入达到 3.96 亿元，比 2018 年增长 20.06%。在重点领域和项目方面，内蒙古“链谷”区块链产业研究中心已经启动；为者常成网络科技公司发布了 Changcheng Linux 通用型操作系统，是我国西部地区研发的首个自主知识产权操作系统。在蒙古文软件和信息技术服务方面，内蒙古开发的蒙古文数字字库字体种类丰富，蒙古文网络舆情监测体系初步建立。

尽管内蒙古软件行业的发展在速度和质量上均有突破，但仍面临突出的问题。内蒙古软件行业的人才规模、层次仍无法和沿海省市相比，目前的产业集聚水平尚不足以支持充分的企业协作、人才流动，使得内蒙古软件行业的创新亮点不足。软件行业中高端人才在国内仍属稀缺，普遍渴望更好的生活环境、城市基础设施和教育医疗条件，因而内蒙古软件人才外流严重，软件企业“做得好、留不住”。行业内客户存在一定思维惯性，对内蒙古软件企业、品牌的信任度不足，一些龙头企业被迫在沿海省市成立分支机构，转移部分业务。

（三）内蒙古软件和信息技术服务业的未来发展思路、产业布局

内蒙古软件和信息技术服务业的发展，还需进一步克服客观条件限制，谋求高质量发展。要充分发挥办公、居住成本较低的优势，借助高铁开通带来的便利条件，打造一个面向京津冀市场、支持国家级总部经济和互联网应用行业的软件外包服务基地。注重培育具有国内

外知名度的本土品牌，增进本地企业与国内外 IT 巨头、重要集团客户的交流合作。结合硬件国产化进程需要，发展与国产硬件兼容匹配、具有自主知识产权的基础软件，打造信息安全技术体系。突出蒙古文软件特色，为蒙古族文史研究、文化传播、科技教育、便民服务等各方面需求提供信息系统平台保障。加强政策倾斜力度，研究专门为软件和信息技术服务业制定税收减免、人才奖补等政策措施。

在软件和信息技术服务业的城市分工上，建议呼和浩特聚焦于企业信息化、信息安全、互联网应用、蒙古文软件等重点领域。包头侧重于工业软件开发应用，特别是发展能源管理软件、稀土行业、航天军工等领域急需的工业软件。

附件四

内蒙古培育发展数字经济可借鉴的典型案例

一、产业数字化案例

专栏17　　以色列农业数字化的主要进展和经验

以色列地处中东干旱地带，国土面积狭小，发展农业缺乏有利的自然条件。但依靠高度发达的农业科技，以色列仅以2%的农业人口贡献了7.5%的GDP，农产品基本能够自给，还成为花卉等农产品的出口国。近年来，以色列推进农业数字化，已取得多方面的进展。

在种植业方面，以色列实现了高度的数字化种植。通过在土壤中安装传感器，实现了计算机控制下的按需滴灌、精准喷药，极大了节约了水资源、人力成本，减少了农业的污染。

以色列畜牧业缺乏天然草场，主要是圈养牧场。运用先进的智慧饲养技术，如用“智能项圈”监测奶牛生长状况等，以色列奶牛平均产奶量达40升/天，平均年产奶量为1.2万升/头，单头奶牛年产奶量目前居世界第一。

以色列在良种选育方面也具备较强的研发能力，已通过基因工程，培育了适应沙漠地区咸水生长的小麦、洋葱、西红柿等，以及抗病毒能力强的蔬菜品种。

以色列高度发达的农业科技，离不开市场化的要素价格机制和鼓励创新的金融体系。以色列农业用水价格高达2美元/立方米，能够基本覆盖海水淡化的成本、控制农业用水总量，也催生了相应的数字化、智能化节水灌溉技术。尽管以色列农业规模有限，但农业科技企业可以凭借先进技术，面向全世界提供以色列的农业解决方案，获得大量的技术转移费用，并得到全球的市场融资。目前，在纳斯达克上市的企业中，以色列企业的数量仅次于美国。一批农业领域的创投公司、新兴科技企业蓬勃发展，并借助美国的全球金融中心实现做大做强。

2018年，中以两国贸易额为150亿元，其中农业占50亿美元。在2019年“中国—以色列经贸合作呼和浩特论坛”上，以色列有关企业已与蒙牛、巴彦淖尔市分别签署合作协议，并拟在和林格尔新区建设以色列科技孵化中心。未来，内蒙古应进一步加强与以色列的合作，在数字化节水农业、良种大数据等方面学习借鉴以色列的经验。

资料来源：国研经济研究院根据媒体报道整理。

专栏18　　智慧能源数字化——国家电网“三型两网”战略

2019年1月，国家电网提出了“三型两网”发展战略：即打造“枢纽型、平台型、共享型”企业，建设运营好“坚强智能电网、泛在电力物联网”。这是我国能源行业具有战略前瞻意义的数字化转型战略。

在过去一个时期，我国电网规模迅速发展壮大，但与铁路网络、移动互联网相比，电网的网络规模效应还不够突出。究其原因，主要是由于数字化水平偏低，没有充分发挥电网的外溢价值，单位长度电网的平均运行维护成本也未能随着网络规模增长而下降。电网的数字化转型发展，就是要运用智能互联技术，建设面向各行业、各类市场主体开放共享的新型电网，吸收电网外部资源，调动电网内部对外服务的潜力，更好发挥电网的经济社会效益。

《国家电网有限公司关于新时代改革“再出发”加快建设世界一流能源互联网企业的意见》将国家电网的发展目标确定为“具有全球竞争力的世界一流能源互联网企业”，并提出了建设能源互联网的主要任务和路径。

一是坚持互联网思维，推动电网与互联网深度融合。持之以恒地建设运营好以特高压为骨干网架、各级电网协调发展的坚强智能电网，不断提升能源资源配置能力和智能化水平，更好地适应电源基地集约开发和新能源、分布式能源、储能、交互式用能设施等大规模并网接入的需要，满足人民群众日益多样的服务需求。充分应用移动互联、人工智能等现代信息技术和先进通信技术，实现电力系统各个环节万物互联、人机交互，打造状态全面感知、信息高效处理、应用便捷灵活的泛在电力物联网，为电网安全经济运行、提高经营绩效、改善服务质量，以及培育发展战略性新兴产业，提供强有力的数据资源支撑。承载电力流的坚强智能电网与承载数据流的泛在电力物联网，相辅相成、融合发展，形成强大的价值创造平台，共同构成能源流、业务流、数据流“三流合一”的能源互联网。

二是培育壮大发展新动能，创新能源互联网业态。加快构建能源互联网新业态，为公司可持续发展注入新动能。深化科技管理体制机制改革，健全企业为主体的产学研用一体化创新机制，完善成果转化、收益分享、创新容错等配套制度，激发各要素活力。采用团队引进、人才引进、项目引进等多种方式，加大高科技人才培养引进力度，加快基础性、前瞻性能源互联网技术研究。全面推广“网上国网”，完善现代服务体系，持续优化电力营商环境，推进供电服务网络化、互动化、定制化。研究探索利用变电站资源建设运营充换电（储能）站和数据中心站的新模式，积极推动公司通信光纤网络、无线专网和电力杆塔商业化运营，拓展服务客户新空间。大力开拓电动汽车、电子商务、智能芯片、储能、综合能源服务等新兴业务，促进新兴业务和电网业务互利共生、协同发展。

三是扩大开放合作共享，打造能源互联网生态圈。加大资本、技术、市场开放力度，积极与利益相关方共商共建共享，努力开创合作共赢新格局。加快混合所有制改革，在特高压直流输电、增量配电、综合能源服务、抽水蓄能、通用航空、金融等领域，积极吸引社会投资，放大国有资本功能。深化“双创”示范基地建设，建立成果孵化转化平台，打造中央企业“双创”升级版。积极主动与地方政府、企业、用户开展互利合作，加快构建智慧能源综合服务平台，共同推进清洁能源消纳、综合能源服务。充分利用电网数据、技术、标准优势，加强与新经济和互联网企业合作，积极参与新能源、智能制造、智能家居、智慧城市等新兴业务领域的开拓建设，加快构建围绕能源互联网发展的产业链、生态圈。发挥电网网络优势，大力实施服务脱贫攻坚十大行动计划，助力地方经济社会发展。

对蒙西电网而言，要抓住国家电网建设能源互联网的重大机遇，学习借鉴国家电网的先进经验，在智能电网总体规划、送电通道互联互通、基础设施共建共享、技术标准兼容、供应商合作渠道建设、终端服务网络覆盖、市场运行机制协调、内部管理体制改革等诸多方面，加强合作，同步推进，力争基本同步建成能源互联网企业。

资料来源：国家电网有限公司。

专栏19 智能制造与工业互联网——山东传统产业数字化转型之路

山东是我国传统制造业大省，传统产业占比达70%，同样面临新旧动能转换、传统产业数字化转型的艰巨任务。近几年来，山东积极推进智能制造，部署应用工业互联网，传统产业数字化的路径趋于明晰，新旧动能转换初现曙光。

2017年，山东省印发了《山东省智能制造发展规划（2017~2022年）》，确定了智能制造、工业互联网的主要发展方向，提出了提高智能制造创新能力、发展关键技术装备、突破核心技术、实施智能化改造、实施试点示范项目、培育智能制造服务等重点任务，并确定了汽车及零部件、机械设备、纺织服装、轮胎、食品加工、家用电器、化工、建材、钢铁及有色金属、医药等重点行业开展智能化改造的具体措施。

山东省持续推进两化融合，探索“现代优势产业集群+人工智能”的发展道路，启动了“个十百工业互联网平台”培育工程。目前，山东已有262家企业入选国家两化融合贯标试点，6个项目入选国家制造业与互联网融合发展试点示范，数量均居全国前列。同时，山东省启动了智能制造“1+N”带动提升行动，培育国家智能制造试点示范项目34个，居全国首位。此外，服务型制造、数字化工业设计也是制造业数字化的重要目标。山东大力发展服务型制造，组织举办省长杯工业设计大赛，7家企业获得中国优秀工业设计金奖，数量居全国首位。

山东注重依托龙头企业和领军城市，打造工业互联网行业平台。青岛市提出了“打造世界工业互联网之都”的发展目标，一批龙头企业正在转型发展为平台企业。其中，青岛海尔已成为制造自动化解决方案、“家电云”服务平台和物联网服务平台，已经不再是仅从事家电制造的企业。青岛红领则孵化了“酷特智能”，跳出了服装设计行业，成为多个制造业领域的智能工厂解决方案供应商。

内蒙古可借鉴山东发展智能制造、工业互联网的主要经验，在全局统筹规划、任务分解、资金投入等方面加大工作力度，进一步明确重点行业、地区和企业，制定时间表，力争在内蒙古具有一定优势的能源化工、装备制造等行业，培育可引领带动全行业数字化的龙头企业。

资料来源：国研经济研究院根据媒体报道整理。

二、数字产业化案例

专栏20　　数字文旅——网红城市重庆的文旅数字化体系

近年来，重庆作为旅游目的地在国内城市中异军突起，洪崖洞、轻轨穿楼、鹅岭二厂、川美校园等独特的景观伴随小视频在互联网社交平台上广泛传播。2018年9月，抖音、头条指数和清华大学国家形象传播研究中心城市品牌研究室联合发布的《短视频与城市形象研究白皮书》中，将重庆评为最受欢迎的“抖音之城”。从城市相关的短视频播放总量来看，重庆跃居榜首，城市形象相关视频总播放量达113.6亿次，城市的多元网红打卡点层出不穷，成为名副其实的“网红之城”。

让重庆变成永红、长红，更需要针对新的旅游消费需求，提升城市文化旅游产业发展水平，提供更优质高效的旅游产品和服务。数字化文旅发展既是重庆文旅发展的基础，也是未来持续努力的方向。2017年“五一”期间，洪崖洞景区人流量暴增超过了承载量极限，浩荡的游客队伍从洪崖洞排到旁边的千厮门大桥，由于安全需要，大桥交通全面瘫痪，不得不封桥截流。这次严重的景区拥堵开启了重庆发展智慧旅游的大门，打造“游客体验自由自在，政府服务无处不在”的数字化文旅服务已成为重庆市文旅产业发展的重要战略。

2017年开始，以问题为导向，政府通过招投标引入具有经验的服务运营商对洪崖洞景区进行数字化升级改造。由政府出资安装了20多个电子终端，还通过人脸识别技术给游客画像。摄像头、闸机、Wi-Fi手机探针等都成为游客行为数据的来源，通过采集到的数据，进行实时的分析和可视化，从而起到客流量预警的作用。现在在“爱重庆”App上，用户就可随时看到景区的人流情况。

2018年，由重庆市文化旅游委和重庆旅游集团成立的重庆旅游云信息科技公司共同打造的重庆智慧旅游云公开亮相。作为一个为用户端提供智能应用的大数据平台，重庆所有和旅游有关的数据来源都汇总在“这朵云”里，包括覆盖全市旅游应急指挥平台、旅游团队管理服务系统、旅游产业运行监测等主要平台。其中应急指挥管理平台接入了134家A级景区视频数据、22家4A级以上景区票务系统数据，完全实现了实时数据收集，未来将实现重庆市、区县、旅游企业数据纵向共享。

在旅游云的运用下，腾讯、阿里巴巴、中新智旅等互联网巨头还展示了5G、VR（虚拟现实）、AR（增强现实）、RFID（射频识别）和GIS（地理信息系统）等先进技术在重庆文旅中的应用。通过南川全域智慧旅游2.0大数据交互管理系统、“一部手机游武隆”等项目的打造，从交通人流管理、景区管理与优化等方面面构筑起“网红”城市重庆的智能文旅体系，真正做到了科技赋能文旅目的地升级。

内蒙古发展数字文旅，可主要借鉴重庆在平台集成、服务与应用拓展、在线宣传策划、龙头企业合作等方面的经验，提升内蒙古文化旅游的综合竞争力。

资料来源：国研经济研究院根据媒体报道整理。

专栏21　数字产业生态构建——成都发展数字产业的主要路径和经验

四川是我国西部地区经济第一强省，是我国四大电子信息产业基地之一。2018年，四川省电子信息产业主营业务收入超过9200亿元，连续两年实现15%的增幅，位居中西部第一。成都在五十年前的“三线建设”时期，就已成为四川省乃至西部地区电子信息产业的主要集聚地。作为西部地区的国家中心城市，成都近年来的快速崛起，得益于电子信息产业创新发展、融合发展、扩展为数字产业的发展进程。

第一，以电子制造业为基础，依靠大项目迅速形成产业集聚效应。早在2003年，成都在西部地区率先引进科技密集型重大外资项目——英特尔芯片封装测试项目，拉动集成电路产业链上游企业纷纷进驻成都。2007年，京东方在成都投资建设一条显示面板生产线，不仅带动上游企业跟进，也为此后的新型显示项目在成都落地奠定了基础。有了标志性的大项目，就有了持续的税收、就业机会，成都就与中西部的其他省会城市在综合竞争力上“拉开一个身位”，在“新一线”中稳居前列。

第二，发挥产学研联动优势，打造“人才培育—技术创新—产业孵化”闭环。成都为电子科技大学等知名高校创造较好的办学条件、产业转化条件，将大量人才留在本地，这是成都能够吸引华为等IT巨头在成都设立研发中心的根本原因。培育和留住研发人才，就有了今后独立创新创业、发展本地龙头企业的基础。

第三，坚持产城融合，以新兴数字产业带动新兴城区发展。

成都高新区的建设，适逢我国软件产业的发展繁荣。“天府软件园”成为成都高新区发展的关键支撑。随着高新区的发展成熟，成都在天府新区的发展战略中，又侧重于当前新兴的人工智能产业。实践经验表明，新建的、最好的硬件设施，应该提供给最先进的生产力；如果没有高端的产业增量，仅依靠城市存量人口的住宅更新需求去发展新兴城区，必然导致城市的“空心化”。

第四，围绕装备制造业需求，培育信息技术服务企业。工业数字化是数字产业化的重要推动力。成都重视发展航空、汽车、电气设备、轨道交通等制造业，带动了工业机器人控制软件、测量测试软件、研发制造平台系统等工业软件的发展。

第五，发挥成都城市文化特色，实现数字产业与文旅产业融合发展。休闲文化是成都城市文化的特点之一。进入21世纪以来，成都抓住我国发展信息消费的重要机遇，迅速成为我国网络游戏开发基地、网络文学和音乐创作中心，高水平数字文化人才集聚，吸引了大量年轻人运用互联网从事文创产业，带动了相关的平台企业、软硬件服务企业的发展。成都还打造了多个5G技术示范应用，已开始运用5G开发数字旅游项目。

第六，重视产业发展的“软环境”，增强对人才的吸引力、黏滞力。成都重视“公园城市”建设，城市人居环境较好，航空、高铁、城市轨道交通十分便利，且拥有一批环境优美、宜居宜业的卫星城镇。相对于我国其他现代化大都市而言，成都市民有较高的生活幸福感。

内蒙古培育发展数字经济，应当更加重视中心城市的作用，借鉴成都数字经济的总体布局，在呼和浩特（和林格尔）形成电子信息制造、云计算存储、人工智能及大数据应用、数字文化等完善的产业生态，加快集聚高端人才，带动全区数字经济高质量发展。

资料来源：国研经济研究院根据媒体报道整理。

专栏22　大数据的创新应用——东北生态大数据中心

2016年，国家林业局出台了《国家林业局落实〈促进大数据发展行动纲要〉三年工作方案》和《关于加快中国林业大数据发展的指导意见》，并与国家发展改革委签署了战略合作协议，共同推进生态大数据应用与研究。2018年7月，我国林草业首个生态大数据中心——东北生态大数据中心在吉林省长春市揭牌，拉开了我国林草业大数据深度分析和实践应用的大幕。

东北生态大数据中心是全面应用云计算、物联网、移动互联、大数据分析等新一代信息技术，在东北地区构建起“空天地”立体综合监测体系，通过对海量数据的集中存储和定制分析，实现全业务综合可视化集中管理运营的生态监测大数据平台。能够实现生态资源数据集中管理、内部流程控制、资源共享等的生态资源数据协同共享，并为全行业发展提供更具科学性、精准性、时效性和前瞻性的决策依据。

项目从获得国家发展改革委批复，到编制方案、落地建设，再到挂牌启动，仅用了1年多的时间。建设如此高效的主要原因有三个方面：

一是承建省份林业信息化基础好。吉林省作为林业大省，林业信息化建设走在全国前列，是我国首批全国林业信息化示范省和首批国家物联网应用示范省。

二是先行先试，积累经验。2016年以来，吉林省在建设东北虎豹国家公园中，建设了生态环境全方位监测系统，为后续大数据中心提供了探索的“试验场”。

三是市场主导，突破资源瓶颈。生态大数据中心项目采取政府和社会资本合作建设的方式，通过购买服务将总承建任务交给了技术、资本实力雄厚，本地化开发经验丰富的企业。

四是积极引入专业化团队。随着平台的扩建和数据的丰富，吉视传媒、北京师范大学、中林信达联合成立的技术团队将针对不同需求对算法模型进行研发或成果转化，对海量数据进行有效筛选和科学分析，最终实现数据的全方位应用。

未来，伴随着国家林业和草原局职能扩大和监测保护内容的拓展，各区域生态大数据中心、国家级和省级数据监测（指挥）中心的建设和互联，国家林业和草原局将形成覆盖全国、统筹利用、统一接入的数据共享大平台，建立物理分散、逻辑集中、资源共享、政企互联的政务信息资源大数据，构建深度应用、上下联动、纵横协管的协同治理大系统，为国家生态建设与全行业管理的智慧服务和决策能力提供支撑。

内蒙古作为我国北方重要的生态屏障，需积极建设生态大数据中心，形成试点示范效应，并培育催生相关的数字服务业发展。

资料来源：国研经济研究院根据媒体报道整理。

三、数字政府案例

专栏23　　数字政府架构设计——广东省建设数字政府的主要思路和做法

2017年12月，广东省率先在全国部署“数字政府”改革建设，将其作为推动经济高质量发展、再创广东营商环境新优势的着力点和突破口。广东坚持整体谋划、全省一盘棋推进“数字政府”改革建设，以及全国首创的“政企合作、管运分离”模式，以体制机制再造为突破口，集约化、系统化协同推进政务信息化和政务服务体系建设，为“放管服”改革和营商环境优化提供了基础支撑。

2018年10月，广东省政府正式印发《广东省“数字政府”建设总体规划（2018~2020年）》和《广东省“数字政府”建设总体规划（2018~2020年）实施方案》，这是全国首个“数字政府”总体规划和实施方案，全面、清晰地描绘了广东省“数字政府”建设的蓝图（见图2）。

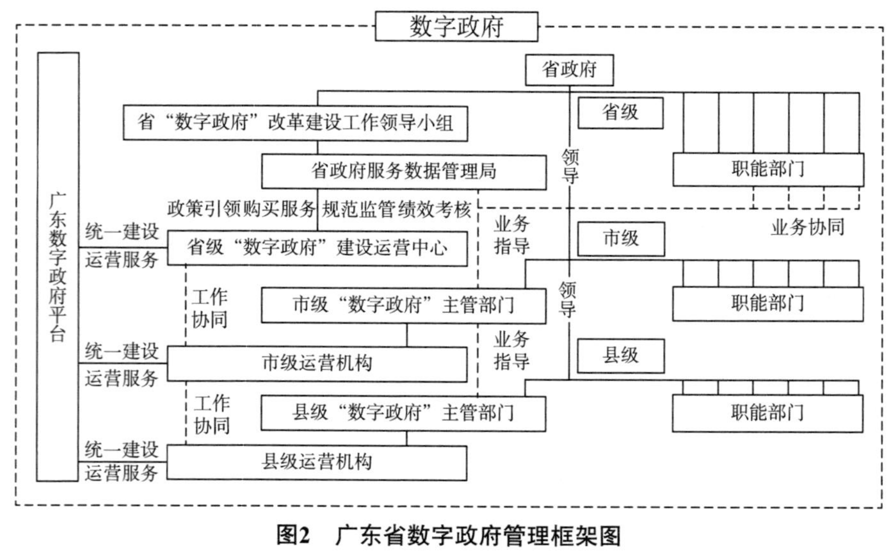

图2　广东省数字政府管理框架图

一、以体制机制改革创新为引领，建立“数字政府”管理建设新格局

从体制机制入手，全面撤并调整省信息中心以及省直各单位全部44个信息中心，行政职能回归机关，打破各部门、各条块自成体系、自我封闭造成系统不通、业务不通、数据不通的困局，为“数字政府”改革扫清体制机制障碍。同时，重点从角色、责任、动力三个因素考虑，建立“数字政府”新格局。

一是在角色设计方面。省、市、县三级均成立政务服务数据管理局，负责全省政务信息化的组织、指挥、管理、监督，建立上下对口、纵横畅顺的体制架构；集中腾讯、三大基础电信运营商和华为公司优势资源，成立“数字政府”建设运营中心，改变以往各部门既是使用者又是建设者的双重角色，将部门变成服务的使用者、评价者，把原有分布在各个部门的建设能力集中起来，统一建设、统一运营、统一调度，形成建设能力的集约效应，即建立“管运分离”模式。

二是在责任落实方面。撤销各部门信息中心，这不仅不是弱化信息化，而是进一步强化和专业化，要求各部门对业务、管理、需求和服务评价担负“用户端责任”，成立运营中心，对顶层设计到行动计划，再到落地实施方案负起“服务端责任”，从根本上解决整体政府建设的系统性问题。

三是动力机制方面。建立“全省一盘棋”的动力机制，科学合理划分省与市、业务与技术部门的责任主体关系，明确建设运营中的统、分关系，调动各级政府部门、公务员以及相关社会资源的积极性和责任意识，确保全省“数字政府”建设上下同心、

步调一致。

二、以集约化、一体化的公共基础平台为支撑，全面提升“数字政府”一站式服务能力

一是全面推进政务服务事项标准化，基本实现“三级十统”。2019年6月，全省全面启动政务服务事项实施清单梳理工作，仅用三个多月时间就完成省、市、县三级政务服务事项“十统一”标准化梳理，涉及三级政府超过5000个部门和机构，基本建立起全省统一事项库，省、市、县编制实施清单超过90万项，有力支撑政务服务的跨地区、跨部门、跨层级协同办理，为政务服务标准化打下了坚实基础。

二是优化再造办理流程，便捷办事服务。建设一体化在线政务服务平台“广东政务服务网”以及“粤省事”移动民生服务平台。重点围绕业务量大、受众面广、群众使用率高的服务事项，按照“少填、少报、少跑、快办”的原则，依托后台各部门数据共享和电子证照，通过嵌入非税支付、物流寄递、智能客服等应用，实现线上全流程快速办理。

三、以数据治理和共享为突破口，变“群众跑路”为“数据跑腿”

一是打破核心政务数据孤岛。部门政务数据分隔是造成政务服务效率低的主要原因。通过深入调研发现，制约各部门政务服务资源互联共享的主要障碍是人口、法人等基础数据没有联通和共享。对此，广东省以打通业务涉及面广、数据使用率高的部门数据库为突破口，集中力量攻坚，在短时间内推动公安、民政、人社、卫生等24个部门3105类数据互联互通，为40个重点领域政

务服务应用提供大数据支撑，切实打破政务数据孤岛，为提升“粤省事”平台、广东政务服务网服务能力打下坚实基础（见图3）。比如，通过推动公安机关常住人口基本信息、居住证基本信息等13类约4.8亿条人口信息数据以及机动车登记证、机动车驾驶证等10类约4.4亿条核心交管信息数据共享应用，有效带动了其他部门数据信息共享，仅公安一个部门推出的在线政务服务就打通了14个省直部门的69类共享数据，涉及应用8个省直部门22种电子证照。

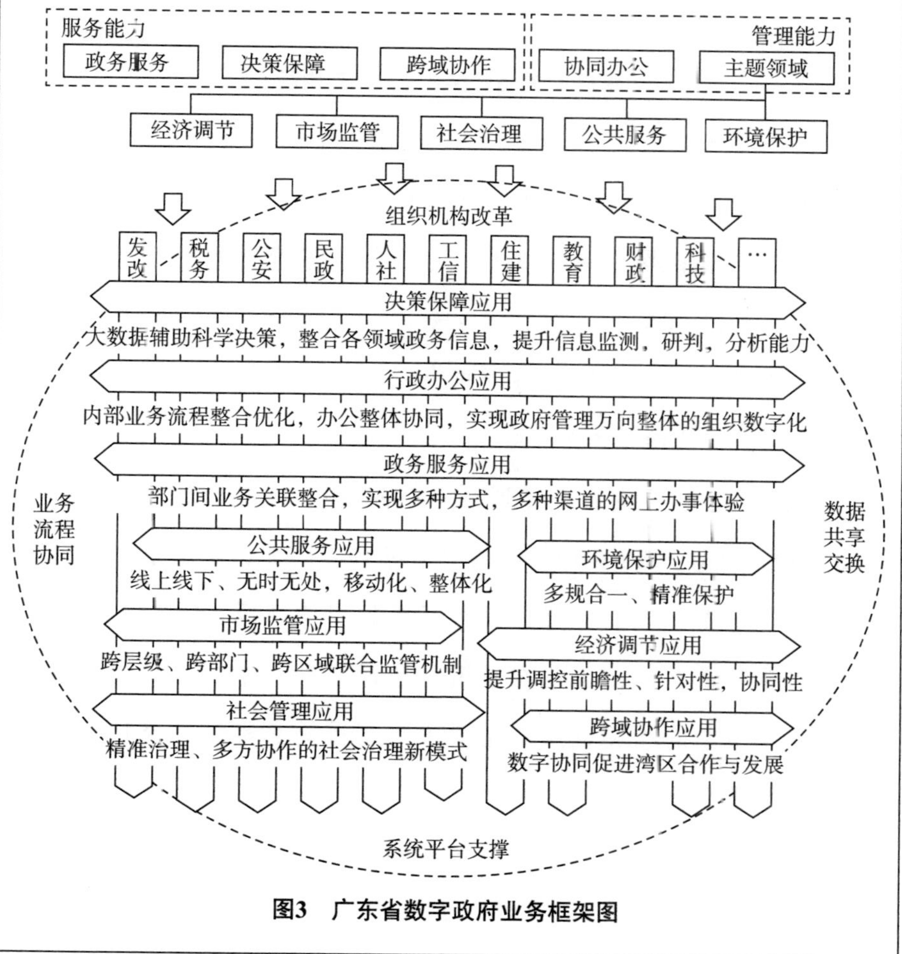

图3　广东省数字政府业务框架图

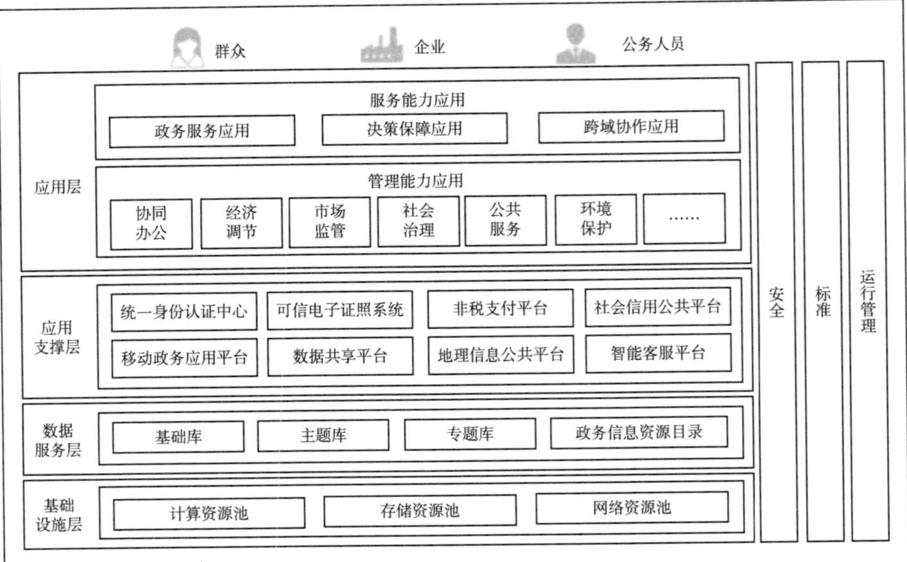

图4　广东省数字政府技术架构图

二是推行电子证照互通互认。对电子证照应用进行政策赋能，出台《广东省政务电子证照管理暂行规定》，明确政务电子证照与纸质证照具有相同使用效力，为全省推行电子证照建设应用提供了制度保障。在推广过程中，以“无介质、等效力、全流通”的电子证照，让群众办事免携带、免提交实体证照核验，大幅减少群众提交纸质材料。

目前，全省已发布电子证照目录983种，正式开通电子证照服务829种，并在2900多个事项办理中应用。比如，企业申办不动产登记需现场提交营业执照、完税证明等实体证照，通过电子证照系统实现互通互认，企业在线填报登记信息，系统自动调用核查电子证照库中的相关证照，企业不需要再提交实体证照材料，每笔业务单证照查验程序即减少两次往返跑动（见图4）。

资料来源：广东省人民政府、IDM中国政务舆情监测中心等。

专栏24 政务服务流程优化——浙江杭州“最多跑一次”数字政府建设

企业和群众到政府办事像“网购”一样方便，已不再是梦想。浙江省提出的“最多跑一次”理念，从“领跑”到全国“百花齐放”，简政放权成效日益显著，人民满意度不断提高，政府公信力大幅提升。各级政府对深化“放管服”改革，推进“互联网+政务服务”，运用大数据、云计算等新技术构建创新型政务服务体系的探索和实践。

“最多跑一次”的核心在于“让数据多跑路，让群众少跑腿”，数据共享，实现跨部门、跨区域、跨行业涉及政务服务事项的数据连通。但是政府信息化系统繁多，接口杂乱、技术路线不统一、数据交换节点繁多、数据流转过程环节多、缺乏统一管控和监视手段等造成的行政效能低下、“信息孤岛”问题较为严重。

作为浙江省数字政务发展的排头兵，杭州政府选择尊重市场发展规律，从民生焦点、热点、难点问题入手。通过解决问题实现政府数字化发展。重点围绕公民个人相关事务、企业的商事登记、工程项目投资审批、不动产登记四个重点民生领域来推动，实现企业和个人的最多跑一次。如民众通过一张身份证不需要其他证明就能够办理与个人相关的300余项手续。在解决重点问题之后，杭州的数字政务进一步拓展到其他的领域，包括经济调节、市场监管、公共服务、社会治理、生态环境监测等。如最初为解决城市交通管理问题建设的智慧交通平台，不断充实功能，在阿里巴巴的支持下，形成服务城市智慧治理的杭州城市大脑，每天有来自杭州市70余个部门和企业的数据汇入了城市大脑，日均新增数据达到了8000万条以上，包括警务、交通、城管、文旅、卫健等11大系统、48个应用场景。城市大脑接入后，杭州出行时间平均节省了4.6分钟；便捷泊车，扫码一次，终身绑定，全城通停，目前全市有30.3万个泊位实现了“先离场后付费”，极大提升了停车的便利性；杭州的交通整体拥堵情况有了明显改善，交通延误指数从2014年最高时的2.08降到目前的1.64左右，拥堵排名从2014年全国第二位降到2020年的第35位；城市大脑推出了“先看病后付费”舒心就医，而且推行“最多付一次”服务，杭州市已经有245家公立医疗机构接入。

在此基础之上，杭州市政府通过对数据接口进行改造，对内部办公系统进行调整，以数据采集共享平台为心脏，以大数据集成管理平台为大脑，以项目管理信息平台、大数据分析展示平台为脸面，构成心、脑、脸一体化运作的流程体系，实现智慧化数据处理。这一升级大大压缩了政府系统的层级，通过对系统的优化和扁平化，数据的交换处理能力将得到极大加强，如对以往问题频出的大附件处理，由原有的交换文件优化为交换路径，能够使办结效率有效提升，进一步方便企业和群众办事，向“零跑腿”迈进。

资料来源：国研经济研究院根据媒体报道整理。

专栏25　　营商环境优化——南宁公共资源交易体系

2016年，南宁市依托“互联网+”技术构建了“六统一”（即统一交易平台、统一制度规则、统一交易目录、统一信息系统、统一专家管理、统一监管制度）的市县一体化公共资源交易管理运行机制与服务体系。经过多年努力，市级公共资源交易平台及6个县级分支机构全部整合完成，构建了“市级交易平台+6个分支机构”的市县一体化公共资源交易平台新格局。

如今，南宁市公共资源交易平台以统一的公共资源电子交易流程为基础，实现了“企业信息一地注册、全市共享，数字证书一地办理、全市通用，入场项目一地交易、全市可循，评标专家一地评审、全市联动，交易数据一地汇聚、全市应用”的目标，交易电子化建设取得了重大成果。

南宁市高起点、高标准、高要求搭建公共资源交易平台电子交易系统，实现运用数字证书认证进行身份验证、投标文件加密解密、招标文件范本模板化、投标文件格式化、评标自动清标打分、与诚信监管系统及自治区交易服务平台互联互通等技术手段。

目前，在市公共资源交易平台上，房建市政类（施工及监理项目）国有产权类（含资产租赁）、国土资源类交易项目已实现了全流程电子化交易，建设工程检测、设计和EPC（工程总承包）等项目全流程电子化投入试运行。政府采购项目绝大部分交易环节（开评标环节除外）实现了电子化。数据显示，2017年1月至2019年3月，超过2000个市公共资源交易平台招标采购项目实现了全流程电子化。

南宁市还开通各县级分平台从省市级评标专家库抽取专家功能，实现专家资源共享，有效解决了县区评标专家资源缺乏的突出问题；全面推进市级交易平台与6个县级分支机构的市县远程异地评标常态化。目前，上林县、马山县、横县、隆安县、武鸣区等平台分支机构与市级平台实现了远程异地评标，交易效率进一步提高，交易成本不断降低。

内蒙古以数字政府建设促进营商环境优化，可借鉴南宁公共资源交易体系的相关经验，注重交易流程在线化、规范化、公开化，形成公平有序的市场竞争机制。

资料来源：南宁市人民政府。

四、数字社会建设案例

专栏26　　智慧园区建设——杭州利尔达物联网科技园

位于杭州市未来科技城的利尔达物联网科技园总占地面积40.8亩，总投资约4.5亿元，2015年起企业陆续入驻。利尔达物联网科技园是立足优势、突出特色、准确定位，高起点规划、高标准建设，以绿色办公、智能化办公理念和完善的配套服务打造物联网产业链的经典园区。在办公服务配套方面，充分运用物联网技术，打造智能办公环境，在地下车库安装智能化停车引导系统，在会议室安装远程会议系统，园区全面安装智能楼宇系统；在产业配套方面，为入驻企业提供全方位的配套服务，将建立物联网产品体验展示中心，物联网嵌入式技术实验室，由院士工作站、博士后工作站及物联网专家顾问组成的物联网技术专家服务中心，包括人才培训、人才服务在内的人力资源配套服务；另外还将建立健身、食堂、员工小孩接送等员工生活配套，商业广场、超市、商业酒店等商业配套，注册、法务、金融等中介服务配套。

为服务企业，利尔达园区建立“企业数据大脑”，园区内企业的税收、社保，甚至水电煤气等数据，都能通过“企业大脑”运算，形成一张简单明了的企业运行图。此外，“大脑”还会主动为企业推送政策和服务。甚至创客申请创业贷款也不需要跑银行，在园区平台上点点鼠标，就能享受金融服务。创业企业需要的合作方和外部资源对接也能通过园区的“大脑”完成。“大脑”引入多家第三方技术平台，为企业提供了丰富的合作库。

此外，“园区大脑”还可以共享园内企业在生产、销售、物流上的各环节信息，打造一体化产业链。目前，全省已有近50家小微企业园，接入了“园区大脑”。

资料来源：国研经济研究院根据媒体报道整理。

专栏27　　数字信用体系建设——丽水社会信用体系

信用体系在经济活动中发挥着越来越重要的作用。对于银行而言，建设基于微观个体行为的信用体系，在当前经济增速放缓、银行业务加速下沉之时，能够帮助银行快速甄别中小微企业的信用等级，核定贷款方案，促进金融机构的转型升级。

2016年，中国人民银行丽水市中心支行与市场监督管理局结为“诚信同盟”，共同签订《企业信用信息共享合作协议》。这意味着，全市个体工商户、农民专业合作社、家庭农场等各类市场主体的工商注册、动产抵押、股权质押登记、行政处罚等信息，全部纳入农村信用信息服务平台实现共享。存在信用污点的企业，很可能因此在申请贷款时被银行“一票否决”。

尤其是对于早在2012年5月就启动农村金融改革试点的丽水而

言，以农村信用体系建设为落脚点、统筹城乡一体化信用体系建设，是发挥自身优势、促成诚信“合围之势”的最佳选择。把升级改造农村信用信息服务平台列为深化农村金融改革试点的第一要务后，中国人民银行丽水市中心支行便致力于整合中小微企业及居民的政务信用信息、行业信用信息和金融信用信息，并通过加载金融激励惩戒措施等方式，实现信用信息应用的最大化。目前，该平台已基本完成功能框架的开发工作，为推动部门信用信息共享、提升信息应用价值奠定了基础。

资料来源：国研经济研究院根据媒体报道整理。

五、提升国际国内影响力的项目案例

专栏28 构建21世纪海上数字丝路——天津口岸区块链跨境贸易直通车

互联网发展可分为第三个阶段（第一阶段，计算机互联网；第二阶段，移动互联网；第三阶段，价值互联网），区块链技术是价值互联网的重要代表，是推动全球治理体系变革、建立公平公正的国际秩序，优化全球经济资源配置的重要技术手段。党中央、国务院高度重视区块链技术在我国的发展应用。有关部委已出台一系列政策，推动区块链研发应用创新，规范技术和行业监管。

中国作为世界第一贸易大国，世界海关组织（WCO）成员，积极倡导国家与国家之间“关关互联互通”，关关通，则贸易通，为建立多边自由贸易体系的诚信环境，大大促进地方经济增长，改善地方营商环境奠定基础。

为此目标，2018年8月，在中国海关总署主持与指导下，在中国天津口岸启动“区块链验证试点项目”，将“区块链技术”应用于跨境贸易、智慧通关、科技金融、商品溯源等领域，改变贸易诚信环境，促进营商环境提升。

区块链技术与解决跨境贸易痛点高度契合。2019年3月，由中国丝路集团牵头，微观科技公司作为技术执行方，由中国海关总署授权的“去中心化”“区块链跨境贸易直通车”平台的投资、开发、建设、运营商，完成了跨境贸易直通车平台的开发测试和试运行。

2019年4月17日，中国海关总署与天津市政府、微观科技联合举行新闻发布会，宣布“天津口岸区块链验证试点上线运行”，这意味着中国是全球第一个将区块链技术应用于跨境贸易全流程的国家。同时，以该项目为基准，联合国贸易促进与电子商务中心（UN/CEFACT）开始制定全球跨境贸易区块链基础设施建设标准。项目意义十分重大。

根据世界海关组织WCO倡议与中国“一带一路”国家战略，“区块链跨境贸易直通车”作为区块链技术平台，中国丝路集团联合海关总署中海通公司的CusDEP关关数据互通平台，共同拓展全球海关与海关之间的“关关互联互通、互通互信、互信互换”。目前，已经与肯尼亚、阿联酋、韩国、马来西亚、白俄罗斯、巴基斯坦等国家的海关财税部门取得联系，并启动技术对接工作。

“区块链跨境贸易直通车”+CusDEP关关数据互通平台将大

大提高港口通关效率，借助区块链技术，整个跨境贸易过程真实可信，监管环节减少，通关效率提升，营商环境提升，将有效引流周边贸易，大大促进本地贸易经济的增长。

从天津口岸区块链验证试点到正式上线运行效果来看，营商环境、贸易便利度均得到了优化，主要表现在：一是精简进出口环节监管单证；二是“提前申报”模式已具备推广条件；三是中检集团上链，为第三方采信制度提供了技术通道；四是“区块链跨境贸易直通车”与全国单一窗口已实现联通，支持报关单申报，通过区块链技术在安全保密的状态下实现跨境贸易全链条的管理；五是降低了企业进出口环节的合规成本；六是金融机构上链创新“区块链金融助贷新产品”，为企业提供无抵押低门槛的一年期无差别流水贷，年化利率直降3%～5%，区块链+银行+保险，精准赋能诚信贸易企业。

资料来源：国研经济研究院根据媒体报道整理。

专栏29　举办重大活动——中国国际数字经济博览会推动河北数字经济发展

近年来，河北省把发展数字经济作为深化供给侧结构性改革、推动创新驱动发展的重要途径，产业结构偏重的河北省正在通过多种方式抢占数字经济发展的新风口。一是通过参与建设京津冀大数据试验区，重点围绕落实京津冀协同发展战略，加强京津冀大数据产业对接，打造京津冀大数据走廊。二是打造数字经济产业集群，比如以大数据存储为主的承德县高新技术产业开发区、张北云计算产业基地等，成功入选第八批国家新型工业化产业示范基地，承德市“承德智慧旅游大数据平台”正式上线运营。三是从民生热点和区域治理难点入手，参与建设京津冀及周边地区环境污染防治信息共享平台，实现了京津冀及周边地区空气质量数据、污染源自动监控数据和水环境数据的共享和发布。根据中国信息通信研究院的测算，2017年河北省数字经济规模为9166亿元，位居全国第11位。其中数字产业化部分规模为666亿元，产业数字化部分规模为8500亿元，占河北省GDP比重超过25%。

河北省数字经济在迅速发展的同时，也存在产业基础较薄弱、制造企业信息化水平不高、本地人才匮乏、技术支撑不足等制约因素。申请举办中国国际数字经济博览会，是河北省委、省政府加快数字经济发展，深化供给侧结构性改革的重要举措，是主动适应新时代对外开放新要求，搭建国家级、国际化、高规格的经济交流合作平台，实现创新驱动和高质量发展的重要内容。

2019中国国际数字经济博览会于10月11日～13日在石家庄国际会展中心举办，河北省全力打造“国内领先、国际一流”的数字经济盛会。2019中国国际数字经济博览会以“数字经济引领高质量发展”为主题，坚持“国际化、专业化、高端化、产业化”原则，聚焦数字产业化、产业数字化，以会引才、以会聚智、以会兴业，对接产业、对接企业、对接人才、对接政策、洽谈项目，发布成果。邀请国家领导人、国家有关部委和兄弟省市领导，以及一批全球数字经济领域具有较强影响力的科学家、企业家、专家学者、平台机构、媒体人士等出席大会。诺贝尔经济学奖获得者、来自20余个国家和国际组织的近200位国际重要嘉宾、20余位两院院士、150余位行业领军人物，以及80余位知名专家欢聚一堂，论道数字经济。设主题展馆、京津冀协同暨数字河北展馆、新一代信息技术展馆、智能制造与智慧社会展馆和室外展区等5个展区，面积5万平方米，500余家企业确定参展。其中包括西门子、亚马逊、达索、华为、百度等180余家国内外数字经济领军企业，占参展企业总数35%。

通过这次展会，河北省数字经济代表企业、各地市数字经济特色企业得到了与国内外数字经济标杆企业“同台献艺”的机会，也吸引了大量观展客流，创造了宝贵的商务合作洽谈机会，也增进了本地干部和群众对数字经济的理解和关注。

资料来源：国研经济研究院根据媒体报道整理。

附件五

内蒙古政府数字化转型和智慧社会发展研究

在新一轮科技革命与产业变革中，全球主要国家纷纷将数字经济视为实现经济复苏和推动可持续发展的关键依托，聚焦关键环节、强化政策引导，着力推动技术创新突破、产业融合应用、数字治理完善、数字技能提升，以战略制高点驱动数字经济腾飞。

党的十九大明确提出要加快推进信息化，建设“数字中国”、“智慧社会”。党的十九届三中全会做出了深化党和国家机构改革的决定，提出要充分利用信息化技术手段，提高政府机构的履职能力；党的十九届四中全会提出，加强系统治理、依法治理、综合治理、源头治理，把我国制度优势更好转化为国家治理效能，创新行政方式，提高行政效能，建设人民满意的服务型政府。国务院要求推进政务服务“一网通办”和企业群众办事“只进一扇门”“最多跑一次”，加快推进“互联网 + 政务服务”、政务信息系统整合共享、审批服务便民化和建设一体化在线政务服务平台等工作。

“数字政府”是推动“数字中国”建设、推动经济社会高质量发展、再创营商环境新优势的重要抓手和重要引擎。内蒙古自治区党委、政府高度重视“数字政府”重大工程。“数字内蒙古”已成为新时代内蒙古信息化发展的新战略，是满足人民日益增长的美好生活需要的新举措，是驱动引领经济高质量发展的新动力。

课题组在对国内外数字政府发展规律研究的基础上，结合对广东、浙江等地数字政府工作进展的调研和对内蒙古数字经济的前期调研，提出了内蒙古政府数字化转型和数字社会发展建议。

一、数字政府建设的重要意义

建设数字政府，是建立现代化国家治理体系、提升现代化治理能力的重要一环。我国数字政府建设已经取得诸多成就，但持续推进中还面临诸多问题，主要集中于人文环境、思想观念以及机制体制等层面。随着我国数字政府建设进程的加快推进，这些问题需要不断得到解决。

政府的数字化转型可分为五个阶段：起步阶段、交互阶段、事务处理阶段、网络化阶段、智能化阶段。目前，西方发达国家大多处于事务处理阶段，或事务处理阶段向网络化阶段过渡的进程中；发展中国家大多处于交互阶段，或交互阶段向事务处理阶段过渡的进程中，大部分不发达国家处于起步阶段。我国政府的数字化转型总体处于交互阶段向事务处理阶段过渡的进程中，东部省份及中西部省份的经济发达地区处于交互阶段或事务处理阶段，中西部省份的经济欠发达地区则处于起步阶段或交互阶段。数字政府建设的地域差距，客观上要求加强顶层设计，帮助欠发达地区的数字政府建设基本与全国水平保持同步。

专栏30 国务院关于“一体化在线政府服务平台”建设的最新要求

国家加快建设全国一体化在线政务服务平台（以下简称一体化在线平台），推动政务服务事项在全国范围内实现“一网通办”。除法律、法规另有规定或者涉及国家秘密等情形外，政务服务事项应当按照国务院确定的步骤，纳入一体化在线平台办理。

国家依托一体化在线平台，推动政务信息系统整合，优化政务流程，促进政务服务跨地区、跨部门、跨层级数据共享和业务协同。政府及其有关部门应当按照国家有关规定，提供数据共享服务，及时将有关政务服务数据上传至一体化在线平台，加强共享数据使用全过程管理，确保共享数据安全。

国家建立电子证照共享服务系统，实现电子证照跨地区、跨部门共享和全国范围内互信互认。各地区、各部门应当加强电子证照的推广应用。

各地区、各部门应当推动政务服务大厅与政务服务平台全面对接融合。市场主体有权自主选择政务服务办理渠道，行政机关不得限定办理渠道。

——节选自2019年10月22日国务院《优化营商环境条例》

二、内蒙古数字政府建设工作的现状与问题

内蒙古数字政府建设已经打下了一定基础，但综合来看，仍存在信息系统整合不足、政务服务效能不高、企业和群众办事不便利、数据资源开发利用水平低等弊端，信息资源碎片化、业务应用条块化、政务服务分割化等问题，数字化对在提升治理体系和治理能力现代化

水平中的作用尚未充分发挥，改革意识、管理机制、资源整合、业务协同水平有待提升。

一是数字政府建设的重点、路径、评价考核体系相对缺乏。从调研情况看，自治区各部门对政府数字化转型有较深刻认知，也有具体配套实施项目。但重点项目的牵引作用不强，没有方法论和实现路径，目标不清晰，缺少评价体系和考核制度，对于什么项目更适合当前情况、更适合实际情况，什么项目能够低投入高产出、见效快、效果好，并不完全清楚。

二是政府统筹各行业数字化的整体设计不够清晰。发展数字经济是供给侧结构性改革的重要机遇，建立发展的量化考核机制非常重要。内蒙古经济调节数据整合和协调运用程度不足，尤其缺乏对社会化、互联网数据的综合利用，各行业之间如何协同发展，对于哪些是基础，哪些是平台共用体系，哪些是基础通用体系，认知还不够清晰。

三是信息惠民项目需要加大投入，以强化数字政府的社会价值。内蒙古服务于企业和群众需求的数字平台，人性化设计不足、业务流程不够优化，不少事项实现网上办事后，跑腿次数、重复提交材料次数并未减少多少，真正实现全流程办理的事项较少。行政审批时间较长，尤其是项目投资审批环节多、效率低的问题还比较突出。

四是数字人才不足，战略认知需要提升。调研发现，内蒙古在改善营商环境工作中，未能充分认识到数字政府的关键作用。政府部门对政府数字化转型思路的认知需要提升，能够运用现代化信息技术、引领政府工作流程再造的复合型人才不足。

五是缺少优秀的数据产品和数字政府的优秀案例。建设数字政府，需要让公众和企业深刻感受到数据开放的价值，要做出看得见、摸得着的数据产品、系统和平台。内蒙古数字政府建设尚缺乏“明星应用”，试点示范项目的引领作用不足。

六是盟市、旗县协同发展策略不足。各级数字政府的贯通互联、协同发展，是资源互补、提高整体资源配置效率的必然要求。由于不同盟市、旗县之间政府财力差异较大，数字政府建设进展的思路、步调不统一，自治区级难以协调同步，按照统一标准进行系统贯通。

七是数字政府在各部门间没有形成合力。各部门信息化建设分散，重复投资现象普遍，业务流程、数据标准缺乏统筹规划和统一规范，导致网络难互联、系统难互通、数据难汇聚、发展不均衡，数据难以汇聚共享，业务难以协同联动。一些部门早期颁授的纸质证照信息还未数字化，难以形成跨部门联合监管体系。

八是数据中心优势未能充分支撑数字政府的发展。内蒙古数据中心建设已形成了算力优势。在部分算力闲置的情况下，数据中心应该首先为内蒙古政府和企业提供低价使用和优惠服务，甚至提供免费使用，保证资源就地消化和利用，并强化应用创新，把成功案例通过云平台大力推广。

三、内蒙古政府数字化转型的总体思路

（一）指导思想

以习近平新时代中国特色社会主义思想为指导，全面贯彻党的十九大和十九届二中、三中、四中全会精神，以建设数字中国、智慧社会为导向，立足内蒙古经济社会发展需要，以改革的思路和创新的举措，建立大数据驱动的政务信息化服务新模式，推进信息资源整合和深度开发，促进政务信息共享共用和业务流程协同再造，高标准打造内蒙古“数字政府”，实现政府治理体系和治理能力现代化。

（二）核心策略

构建“数字政府”技术支撑体系，打造一体化高效运行的“整体政府”。一方面，打破政府各部门内部业务壁垒，以全局、整体的思路整合资源、优化流程，提高跨部门协同能力；另一方面，以一体化、便捷化、智能化的管理和服务，进一步提升企业和群众获得感。

坚持“以群众为中心”，从用户体验角度优化政务服务流程和应用设计。坚持以群众“好用爱用”的结果检验政务服务成效。坚持改变传统建设运营管理模式，在政府数字化转型过程中引入互联网文化，吸收“快速迭代”“小步快跑”等互联网发展理念，提高“数字政府”建设效率。建立数字化转型考核机制，让各级政府做一个项目成一个项目，做一个项目推广一个项目，每个项目都有考核机制、评价体系，系统化推进政府数字化转型。

（三）基本原则

整体——建设上接国家、下联盟市旗县、横向到边、纵向到底全覆盖的“数字政府”，实现政府内部运作与对外服务一体化、线上线下深度融合，提升企业群众办事体验，促进“整体统一政府”建设。

创新——以观念创新、制度创新、管理创新、业务创新、技术创新、模式创新驱动政府数字化转型，推动信息技术与政府管理深度融合，创新政府治理手段。

透明——建立跨地区、跨部门、跨层级的协同工作平台和相应的透明管理机制，实现业务流程再造，减少审批环节、压缩审批时间，提升部门间沟通协作效率，优化政府行政效能和工作的透明度。

阳光——建立一体化在线政务服务平台，推进政府审批服务全过程留痕、全流程监管，建立科学合理的管理指标体系，实现政府办事公开、透明，依托“数字政府”打造“阳光政府”。

智慧——利用算力、模型、数据，打造智慧为民的数字政府服务体系，使民生、政务服务、监管体系朝着智慧的方向发展。

（四）发展目标

构建统一安全的政务云、政务网，建设开放的一体化大数据中心、一体化在线政务服务平台，建成上接国家、下联盟市旗县、横向到边、纵向到底“全覆盖”数字政府，以“制度创新＋技术创新”推动政府数字化转型向纵深发展，建成整体、创新、透明、阳光、智慧的服务型政府。

四、内蒙古数字政府建设方案设计

（一）明确数字政府整体架构

“数字政府”总体架构应包括管理架构、业务架构、技术架构。其中，管理架构体现“管运分离”的建设运营模式，以自治区政务服务数据管理部门统筹管理，和“数字政府”建设运营中心统一服务为核心内容，通过构建“数字政府”组织管理长效机制，保证全区“数字政府”的可持续发展；业务架构遵循国家和自治区深化机构改革、“放管服”改革要求，包括管理能力应用和服务能力应用，促进机构整合、业务融合；技术架构采用分层设计，遵循系统工程的要求，实现全区“数字政府”应用系统、应用支撑、数据服务、基础设施、安全、标准、运行管理的集约化、一体化。

（二）优化数字政府管理和运营体系

按照“管运一体化”的总体原则，在管理体制、运行机制、建设运维模式等方面探索创新，构建“统一领导、上下衔接、运作高效、统筹有力、整体推进”的全区各级政府数字化转型组织管理体系。

1. 深化共建共享的“数字政府”管理框架

充分发挥集中力量办大事的制度优势，构建内蒙古“数字政府”共建共享新格局，推动建设全面网络化、高度信息化、服务整体化的“数字政府”新形态，全区统筹建立“数字政府”发展的长效机制和分类建设模式。

2. 构建“政府主导、政企合作、社会参与、法治保障”的共建共享“数字政府”改革新格局

坚持政府主导，通过政策引导、规范监管、购买服务、绩效考核等加强对“数字政府”建设的统筹协调和组织推进。充分发挥优秀骨干企业的技术优势、渠道优势和专业运营服务能力，共同参与“数字政府”项目建设，提升政府管理服务水平，向社会充分释放改革红利，鼓励社会主体广泛参与“数字政府”创新应用建设。完善法规、规章及配套政策、制度，推进“数字政府”改革建设。

3. 健全驱动全区电子政务发展的动力机制

以“数字政府”改革为推动力，将“数字政府”改革建设工作纳入全区各级政府绩效考核体系，共同培育和提升“数字政府”改革建设的内生动力。

（三）统筹协调本级数字政府与其他系统的关系

1. 协同好与国家及其他省市平台的关系

“数字政府”通过政务信息资源共享平台实现与国家、其他省市

间的信息共享和业务协同；按照全国一体化在线政务服务平台建设要求，实现自治区一体化在线政务服务平台与国家政务服务平台对接；专项领域国家重点信息系统（投资项目审批平台、公共资源交易平台等）通过国家政务服务平台、大数据平台、共享交换平台打通数据通道，实现业务协同。

2. 协同好与自治区级部门应用系统的关系

自治区各部门按照“数字政府”总体技术框架建设应用系统，新建部门应用系统部署在政务云平台，已建部门应用系统逐步迁移到政务云。部门应用系统按照规范与“数字政府”的应用支撑平台对接，根据业务需求，在“数字政府”公共支撑平台上快速构建、快速部署，并在应用中按需快速迭代。

专栏31　　内蒙古数字政府基础设施建设方案（建议）

一、数字政府大数据云平台

建设统一的政务云、大数据平台，建立和完善政务数据采集、提供、维护、管理长效机制，提升政务大数据的准确性、完整性、一致性，为实现“数字政府”提供有力的数据、算法、算力支撑。

建设政务大数据资源池。通过自治区政务信息资源共享平台，采集、汇聚、整合国家级、自治区级以及各盟市基础数据，建设人口、法人、自然资源和空间地理、社会信用信息等4大类公共基础数据库，为政务服务、社会治理、市场监督等应用提供信息支撑。围绕网上办事、企业经营、公共安全、社会保障、市场监管、精准扶贫、用户画像等主题，梳理主题信息资源，为政务服务、宏观调控、行业协同监管、应急指挥等提供大数据辅助决策支持。整合共享各部门专用数据库，对接融合科研机构、公用事业单位、互联网企业等的社会数据。

推进数据资源开放利用。完善数据开放平台，升级完善政府数据统一开放平台接口，做好与自治区政务信息资源共享平台的衔接和自治区政府门户网站的连接，和国家公共信息资源开放平台及盟市级公共信息资源开放平台互联互通。完善目录发布、数据汇集、安全存储、元数据发布、便捷检索、数据获取、统计分析、互动参与、应用展示等功能，提供数据预览、可视化展现、分析组件、数据下载、接口访问等服务。建立完善数据资源开放制度规范。建立政务数据资源“负面清单”管理模式，明确不开放的范围。完善平台技术规范，建立数据开放标准，制定信息资源管理办法，落实信息资源安全管理制度和保密审查制度。促进公共数据资源开放与利用，构建政府开放数据API，实现数据资源以可再利用的数据集形式开放，营造全社会广泛参与和开发利用公共信息资源的良好氛围。

建设数据分析平台。建设包括政务服务、决策保障、跨域协作、经济调节、市场监管、社会治理、公共服务、环境保护等领域专项大数据分析与可视化展示应用。政务大数据资源池为各部门利用数据进行决策分析提供数据基础，各部门不再自建大规模数据仓库，只需开发算法模型，在数据分析平台中加载算法，获取分析结果。

开展数据治理。基于政务数据管理，组织数据提供部门、需求部门及行业专家共同制定数据标准，确保同一数据在各类政务应用中名称、类型、编码、单位、范围等要素一致；对各类数据资源涉及的元数据进行系统分析，逐步实现元数据标准化。通过开展数据共享交换绩效评价，在制度上促进区直各部门共享数据鲜活更新。对各部门现存的政务服务数据资源进行统一采集，并按照统一标准清洗、整合、比对，形成有效数据，促进数据质量提升。建设数据治理平台。实现数据资源产生、采集、存储、交换、加工、整合、使用、反馈等环节的管理。建立数据使用反馈机制，打通数据产生采集环节，形成数据资源流通全程闭环管理。

搭建自治区级政务云。充分利用基础电信运营商全区各地数据中心资源、网络资源，以现有区电子政务云平台为基础，构建区级政务云平台，支撑区级业务政务云应用。作为全区政务云的主平台，承载各类区级政务应用，实现基础设施共建共用、信息系统整体部署、数据资源汇聚共享、业务应用有效协同。区直部门现有租赁的云资源统一接管后，按统一云架构体系改造后继续使用，直至租赁期结束。

建设主数据中心机房。充分评估现有资源，包括运营商的数据中心机房资源、内蒙古超算中心机房资源、已建自治区级政务机房资源等，进行首期统筹资源利用。选择基础电信运营商数据中心进行构建，划分物理隔离、资源独立空间，统一纳入自治区电子政务网络体系，并与互联网逻辑隔离。

建设同城副数据中心机房。选择基础运营商数据中心进行构建，作为主中心机房的同城副数据中心机房，与主数据中心通过双10G链路构成同城双核。

建设远程灾备数据中心机房。在乌兰察布等地质构造稳定、气候适宜的地区，选择基础电信运营商数据中心建设容灾备份数据中心机房。按需求规划处理能力，容纳全量区级政府部门基础数据及业务数据。

二、数字政府政务网

根据国家和自治区对电子政务网络的规范要求和发展导向，结合内蒙古实际情况，充分利用现有资源，按“同架构、广覆盖、高可靠、富能力”的建设思路，升级改造自治区电子政务外网。

提高“自治区—盟市—旗县—苏木乡镇”四级电子政务外网骨干网支撑能力。在组网架构方面，充分利用电信运营商的大容量光纤链路升级改造电子政务外网主网平面，改造现有网络架构，形成四级双核心、双链路、负载均衡的网络架构。通过构建SDN（软件定义网络）智能网络，区市两级备份网络专区，逐步实现高可靠、智能化、云网一体的“数字政府”智慧网络。在网络带宽方面，结合业务需求，加快推进纵向电子政务外网实现万兆到市、千兆到县、百兆到镇，区直部门政务骨干网络带宽拓展到万兆。按需动态优化政务外网互联网出口架构，在“数字政府”政务云平台所在机房新建互联网出口，提高政务云互联网服务能力；按需扩容现有互联网出口，加强安全监管，为区直各单位内部人员提供统一互联网服务，实现区级互联网出口多线BGP（边界网关协议）接入，原则上各单位不再自建互联网出口，同时提升政务云互联网服务能力，构建统一、安全、可靠、灵活的云政务能力输出边界。在网络覆盖面方面，电子政务外网覆盖面拓展至所有旗县区，实现自治区级财政预算单位全联通，拓展政府部门、公共服务区域的无线覆盖，同时依托SDN技术实现业务流量灵活调度，提升链路利用率，实现精细化管理。完善IPv6骨干网互联互通，IPv6互联网出入口扩容，提供IPv6访问通道。推动电子政务外网IPv6改造，升级改造域名系统、内容分发网络。

建设电子政务强逻辑隔离网络平面。依托电信运营商的大容量光纤链路，为涉及敏感非涉密数据的业务系统提供高可靠的强逻辑隔离网络平面，解决各部门中涉及敏感非涉密的业务强隔离需求。

资料来源：国研经济研究院参考我国部分省市数字政府建设方案编制。

专栏32　内蒙古数字政府与数字社会创新应用建设方案（建议）

一、经济发展决策分析应用

充分整合、利用政府社会数据资源，促进跨地区、跨部门、跨层级信息共享与业务协同，提高宏观经济各领域监测分析、目标设定、政策制定与评估能力，强化全区经济监测、预测、预警能力，增强经济调节的前瞻性、针对性、协同性。

经济大数据运行分析应用。基于自治区政务大数据，建立经济运行大数据分析模型，对区域经济运行趋势进行分析和预判。完善经济运行监测分析体系，加强基础数据管理，提高经济运行监测分析质量和水平，通过对重点行业、重点企业和重点产品的分析，及时发现苗头性、倾向性问题，建立完善分析报告体系。

经济运行主题数据库。围绕经济运行重点领域，依托宏观经济、产业专题、企业专题数据库等，汇聚相关领域的产业组织、生产能力、生产要素、市场竞争、资源环境等基础数据，构建经济运行主题库，提升经济管理数据资源统筹协调能力。构建支撑企业开办、不动产登记、跨境贸易等主题服务系统。

宏观调控数据体系。完善基础数据采集机制，将分散在各部门、各环节的数据进行分类采集、整合共享，推动区直各部门数据和各地市数据共建共享。通过对各类数据进行自动汇聚、清洗、比对、统计、数据可视化等操作，为建设全区制造业企业高质量发展综合评价体系、支撑内蒙古制造业大数据指数（MBI）等经济调节工作提供数据和应用支持。

数据质量控制体系。完善数据采集、清洗、存储、整合等全过程的质量管理，做好数据审核，防止数据分析发生大范围系统性误差。

二、智慧社会治理应用

以全区汇聚的社会治理大数据为支撑，创新立体化的治理机制，构建一张社会治理“地图”，提升社会风险预测、预警、预防能力、应急指挥调度能力，形成智能感知、快速反应、精准指挥、科学决策的现代化社会治理体系。

移动终端应用。通过微信公众号、网格员App等移动终端应用，让社区居民、志愿者、辖区单位内部保卫、网格员、保安和警察等各种社会治理力量参与社会治理工作，实现事件信息采集、分析和预警，实现“多元参与、共建共享”的治理格局。

自治区社会治理指挥调度及监控平台。基于统一的电子地图和网格，整合接入各相关部门业务系统，依托地理信息、视频监控、智能感知、移动互联、电话热线等信息采集手段，建立跨部门、跨层级联动，可视化、扁平化的综合性指挥平台，支撑对突发事件的监测、预测、预警和应急指挥，建立集约高效、共享协同的社会治理模式。

网格化综合治理平台。一是建设辖区档案系统，实现辖区服务管理对象电子化、全覆盖。二是建设事项任务管理系统、工作台账系统、民情日志等系统，为各级部门提供任务分派、审核等全过程监管，提升服务管理的有效性、针对性。三是建设移动巡检系统、协同治理系统，为各级指挥中心提供事件调度分派功能，支撑跨层级、跨部门、跨区域的业务协同。

社会治理大数据库。基于政务信息资源共享平台，整合接入各相关部门业务系统和社区网格的社会治理相关数据，建设社会治理业务库及治理专项库，为精细化社会治理应用提供全方位的数据支撑。

工作流程的标准规范。统筹规划设计相关制度机制、业务标准和技术规范等，推进社会综合治理业务办理、网格管理等流程标准化，以及网格监督检查和考核奖惩等制度规范化。

三、“营商通”App应用

建立移动政务应用体系，实现移动办公、协同审批，推动扁平、透明、移动、智能的办公方式，提高跨部门政务业务协同效率、降低行政成本，通过不断改善和优化并联审批流程，为各职能领域非涉密信息处理、推进“转职能、转方式、转作风”的改革要求提供支撑。

办公自动化系统。区直各部门按自治区统一规范，改造现有办公自动化系统，对接应用支撑平台、政务微信平台和移动办公终端，实现区直部门、盟市政府办公自动化系统互联互通，研究制定电子公文交换数据标准，解决电子印章的安全性和有效性，尽快实现全区范围非涉密公文及各种文件传输互通，逐步整合相关系统，实现一体化的公文处理、业务审批、机关事务处理。

决策支持系统。实现全区数据汇聚，在自治区政务大数据基础上，实现丰富、及时、准确的数据分析应用，包括驾驶舱、仪表板、热力图等多种呈现形式，支持各级领导决策。

电子督查系统。建设集督查和绩效信息采集、分析、管理、监督、运用为一体的“督考合一”综合信息管理服务平台，建立全程监控和流程控制机制，并结合政务微信平台，实现督查工作随时审核、随时签收、随时反馈。

移动政务应用超市。建立相应的数据标准和开发规范，采用微服务等技术架构，规划、设计和开发各种应用，形成产品化的软件、服务、功能，促进应用开发快速迭代。

四、便捷优质的政务服务应用

升级改造网上办事大厅，建设内蒙古政务服务网，精简审批环节、压缩办理时限、优化用户体验，力争实现高频事项“最多跑一次”“只进一扇门”。推行“指尖计划”，拓展微信、支付宝等第三方互联网服务渠道，通过便捷的智能终端入口，推动线上线下服务融合，实现政务服务“马上办”“掌上办”“就近办”“一窗办”，建立多元化的政务服务模式。通过自治区统一身份认证、可信电子证照库、非税支付等，实现全区通办、刷脸办事、扫码缴费，最终实现足不出户即可办事，提升群众获得感和满意度。

政务服务终端应用。通过移动终端、一体机、家庭智能电视机等各种终端，为群众、企业提供多元化的服务渠道。一是在多终端、多渠道拓展政务服务应用，特别是微信公众号、小程序、城市服务、支付宝等第三方移动互联网服务渠道，全面触达用户，使群众、企业可在指尖上把事办好；二是一体化规划设计各类政务服务终端，使各类终端用户体验基本一致，包括界面风格一致、办事指引一致、办事流程一致；三是提供场景式服务，提供形式直观、易看易懂的办事导航指引，方便群众办事。

政务服务门户。升级改造网上办事大厅，建设内蒙古政务服务网，各地各部门依托政务服务网开通本地区本部门服务站点，推动政务服务事项在政务服务网、移动终端、实体大厅、政府网站和第三方互联网入口等服务渠道同源发布。

政府网站集约化平台。按照国家关于政府网站集约化建设的部署要求，建成全区统一的政府网站集约化平台，分批次将全区各级政府网站迁移上平台，并将政务移动客户端、政务新媒体纳入平台管理，实现统一标准规范、统一域名格式、统一技术平台、统一安全防护、统一运维监管。

升级政务服务管理平台。一是提供部门政务服务事项进驻、运行管理等功能，实现线上线下融合的一体化服务。二是对接应用支撑平台，实现信息自动填充、少填少报、全流程闭环办理。

升级区统一申办受理和审批系统。支撑跨层级审批，实现与地市申办受理和审批系统的衔接，支持部门高效开展业务审批。

建设网上中介服务超市。采取全区统一建设、数据共享、综合监督的建设模式，建成贯通自治区、盟市、旗县三级的网上中介服务超市，并与行政审批事项深度融合，解决中介服务材料多、耗时长的问题，推动行政审批再提速，强化中介服务监管，降低企业制度性交易成本。

政务服务事项实施目录。在现有的自治区行政许可事项通用目录基础上，对政务服务事项进行科学分类，按照部门单一事项、跨层级事项、跨部门事项、垂管事项、协同服务事项等分级分类进行梳理优化，统一事项管理，制定全区政务事项实施目录，实现政务服务事项三级十统、动态管理、同步更新、同源发布、多方应用。

五、主动预见式公共服务应用

充分发挥信息化促进公共资源优化配置的作用，促进信息化创新成果与公共服务深度融合，加快推动智慧养老、智慧教育、智慧社区、智慧旅游、精准脱贫等建设，形成线上线下协同、服务监管统筹的移动化、整体化服务能力，推进基本公共服务均等化、普惠化、便捷化。一是围绕公共服务清单，健全和提升公共服务标准，完善公共服务事项管理机制，推动公共服务事项全区动态管理。二是以数据为中心，充分利用政府数据资源，采集和利用社会化数据资源，注重公共服务信息公开、开放互动。

智慧养老服务。一是建设覆盖全区所有医疗机构的远程医疗服务体系，使基层群众和老年人得到优质均等的医疗服务。二是整合养老服务信息平台资源，实现与相关公共服务信息平台联网、与各地养老信息平台衔接、与社区服务网点及各类服务供应商对接，整合线上线下资源，促进供需对接，增强精准服务能力，为老年人提供各类线上和线下融合的服务。

智慧教育服务。一是持续完善公共服务平台建设，推进教育数据资源整合，建立覆盖各级各类教育机构、互联互通的优质教育资源共享平台，建设优质教育资源共享服务体系。二是完善自治区教育基础数据库，建设教育大数据分析主题数据库，推进教育决策和管理信息化、教育内容资源均等化，提升政府教育决策、管理和公共服务水平。

智慧社区服务。一是建立完善社区公共服务综合平台，推动盟市、旗县级公共服务机构为街道（乡镇苏木）及社区（嘎查村）开展服务提供支撑，整合社区服务资源，建设网上社区服务超市，提升社区服务水平，让居民享受优质的生活服务。二是整合应急、公安、消防、气象、交通、城管等社会治理信息资源，实现城市信息发布应急管理，提升社区治理水平，让居民享受安全、舒适的生活环境。

智慧旅游服务。一是着力发展移动化智慧旅游应用，整合升级内蒙古旅游产业大数据平台，与区政务大数据中心对接，实现全区旅游数据共享。二是深化智慧旅游建设，加快旅游区及重点旅游线路的无线宽带网络覆盖。三是推动智慧旅游乡村建设，完善游客信息服务体系，提升旅游的管理、服务水平。

精准脱贫服务。一是推进自治区扶贫大数据平台建设，对建档立卡的相对贫困村、相对贫困人口数据进行补充完善，建立覆盖内蒙古农村低收入群体的社会保障大数据平台，为各级政府扶贫管理工作提供数据支撑。二是完善以“信息共享、业务协同”为目标的智慧扶贫信息化应用框架，推进跨部门跨层级的服务与资源整合共享、业务协同联动和决策科学支撑，建设以群众为核心的智慧扶贫大数据管理和信息服务平台，实现精准识贫、精准扶贫、精准脱贫。

六、智慧共享的环境保护应用

结合内蒙古“互联网+环保”建设部署，充分利用大数据、物联网等技术，建设智能、开放的环境保护信息化体系，推进生态环境保护管理创新，构建政府主导、企业主体、社会组织和公众共同参与的环境治理体系，为推进生态文明建设提供强有力的技术支撑。

环境监测监控一体化系统。充分依托环保相关部门、企业行业、社会机构和公众的力量，构建并优化环境保护监测网络。在现有环境监管信息平台基础上，依托大气、噪声、污染源、水资源、机动车尾气等环境数据采集网络，建设环境综合监测监控一体化系统，以点带面，以面查点，形成集中统一的环境监控预警平台。

环境综合管理协同系统。以污染源管理为主线，建设融合审批管理、现场执法、行政处罚、排污管理、固废管理等业务的一体化管理系统，实现主动推送、预警提醒、智能判断等精细化管理功能。

环保大数据分析应用。整合环保数据，充分协调、互联国家、自治区、盟市、旗县环保四级平台至自治区政务大数据中心，建设全区统一的环境保护主题数据库，实现环保数据资源统一访问、统一应用、共融共通。

七、智慧市场监管应用

汇聚整合来自多渠道的市场主体准入、生产、行为等多维数据信息，推动建立政府负责、部门协作、行业规范、公众参与和司法保障相结合的市场主体监管新模式。加强事中事后监管，推行“双随机、一公开”监管机制。建立准入宽松便捷、风险主动发现、执法跨界联动的多元共治市场监管体系。

自治区市场监管大数据库。基于大数据平台整合市场主体档案库，根据市场监管事项目录及相关事项标准化梳理结果，建设监管规则信息库及监管业务信息库，为部门协同监管提供数据支撑。实现盟市监管数据、行业监管数据、互联网第三方监管数据汇聚，发挥数据整合共享优势。

自治区市场综合监管平台。集约建设通用监管和行政处罚系统，支撑多部门综合监管业务统一运作，实现对市场主体的常态化、系统化监管，提高部门协同监管能力，发挥监管合力。建设市场监管标准化管理系统，实现对监管事项、监管部门、监管对象、监管表单、执法文书、法律法规依据等的规范化管理。建设市场监管预警系统，通过对市场主体日常市场行为信息的分类整理、动态评估，准确、及时预警潜在市场风险，运用大数据手段，将事后处罚转向事前防控。

建设数字市场实验室。从业务管理、生态合作机构等层面进行指导，建立清晰统一的接口及规范，保障相关业务部门系统与监管平台有机整合。打通综合监管部门、行业监管部门的数据通道，实现各级部门市场监管信息互联互通。

八、“人才通”服务应用

打造本地化便民服务，提供吸引人才落户、创业、买房、子女上学等公共服务平台。提供全方位公共就业服务、一站式办理落户有关各类事项，还可将自己的专利技术“挂牌交易”，快速实现产学研转化；企业可以了解产业、科技、招商最新政策，在线申报科技创新、资金补助等各类政策项目；社会资本可以找到适宜投资的项目，与人才快速对接，实现互利共赢。

建设“人才通App”，聚集和整合政府、社会、市场服务等多种资源，实现政策服务、创新创业服务、人才专题、资讯服务、政策信息、申报中心、求职招聘、技术合作、投融资、研发平台、交流培训、落户服务等平台功能，为人才提供多功能、全方位、专业化的一站式服务。实现人才、项目、专家、职能部门联结互动，无论是人才找工作、企业招聘人才，还是资金寻找项目、人才寻求专利技术转让，都可以通过“人才通App”平台进行多维互动，形成合作意向。转变人才工作模式，运用信息化技术主动融入数字政府建设，创新人才服务机制。

资料来源：国研经济研究院根据内蒙古自治区有关部门提供材料以及其他省市数字政府建设技术方案编制。

专栏33　　内蒙古数字政府支撑平台建设方案（建议）

一、智慧政务应用平台

依托智慧政务应用平台实现行政办公移动化，支撑公务人员在移动端实现移动办公和协同审批。

移动政务应用支撑平台。依托自治区“数字政府”政务云平台架构，建设“分布开发、集中审核、统一发布”的移动政务应用支撑平台，实现移动端应用快速开发和部署。

移动政务智能终端安全管控平台。建立“安全受控、可信认证”的管控体系，提供统一的安全管控机制，统一的设备认证授权、风险审计、检测评估、实名认证等功能，支撑智能终端的鉴权管理。

二、智慧数据共享平台

改造提升自治区级政务信息资源共享平台，构建自治区政府信息枢纽，利用大数据技术，增强数据汇聚、交换、服务能力，为推动政务数据资源实现跨层级、跨区域、跨部门共享交换和协同应用提供有力支撑。

依职能按需共享。建立依职能按需共享的信息共享机制，数据提供部门依职能采集和提供信息，数据使用部门依职能获取和使用信息共享目录信息。

政务信息资源目录。更新完善自治区政务信息资源目录，梳理确立信息共享目录，建立权责事项与数据资源的关联关系，通过政务信息资源目录系统进行政务信息资源管理和发布。

三、智慧身份认证平台

依托人口、法人单位基础信息库，构建自治区统一身份认证中心，围绕可信数字身份整合各种核验方式，为全区政务服务提供统一的身份认证，并对接国家统一身份认证系统，实现“一次登录、全国通办”。

智慧身份认证平台。以自治区政务服务网统一身份认证平台为基础，构建自治区统一身份认证中心，为全区政务服务系统提供统一身份认证服务。完成和国家统一身份认证系统的对接，实现全国范围内政务服务跨层级、跨区域通办。

建立全区统一账户库，整合多种核验方式。利用数字证书、生物特征识别（面部、指纹、虹膜、声音识别等）等技术手段，整合公安可信身份认证以及第三方的身份核验方式，建立面向互联网用户（自然人、法人）、公务人员的全区统一账户库，实现便捷注册、多渠道身份核验。

为全区政务服务提供统一用户支持。业务办理系统按照统一规范接入区统一身份认证中心，获取符合国家规范的用户账户认证服务及用户基本信息。实现全区业务办理系统的单点登录服务，覆盖实体政务服务大厅、政务服务网、门户网站、移动服务、自助终端等多种应用场景。

四、智慧电子证照管理

升级现有电子证照系统，建设“无介质、等效力、全流通”的可信电子证照，解决网上提交办事材料的合法可信问题，实现群众办事少提交、少跑腿。

自治区电子证照系统。对自治区电子证照系统进行升级和数据迁移，与国家政务服务平台统一电子证照系统对接，实现电子证照全国互认互信。与微信公众平台对接，开通“微信证照”服务。用户通过实名身份认证后，个人电子证照可保存至微信卡包等相关应用，方便办事人提交办事材料，提升办事体验。

电子印章。建立规范、可信、易用的统一电子印章服务，为电子证照、电子文书、电子公文等“保驾护航”。

存量证照电子化。拓展电子证照系统功能，支持证照可信等级管理，实现内蒙古存量证照以及区外证照的采集和复用。

个人和企业电子证照应用。重点围绕民生服务，实现对个人、企业办事高频证照服务覆盖，逐步开通居民身份证、出生医学证明、居民户口簿、居住证、结婚证（离婚证）、涉事企业等电子证照服务。支撑“减证便民”“多证合一”“一照一码”等行动。

五、智慧非税支付平台

形成统一的网上非税支付渠道，支撑非税支付业务网上缴费，推动非税缴费事项网上支付，实现“扫码缴费”，解决非税缴费渠道不一致、群众在缴费单位窗口及银行网点柜台“扎堆”办理业务、长时间排队等问题。

升级智慧非税支付平台。完善自治区财政厅“政务收费业务应用智慧非税支付平台”，支持通过第三方支付平台（微信、支付宝等）、收款银行实现非税业务网上支付，对接盟市非税业务网上缴费平台及其他非税缴费服务平台，并与自治区政务服务集约化平台整合，形成全区统一的非税业务网上缴费渠道，实现线上线下缴费一体化，非税缴费“一站通”。

推进政务服务网上缴费。梳理现有涉及非税缴费的事项，规范网上缴费流程，推动相关事项分批进驻智慧非税支付平台，对涉及个人的缴费事项设定相应的支付二维码，实现缴费环节的主动推送，让办事人足不出户轻松缴费。

推动网上缴费规范管理、信息共享。建设数据和服务接口，提供非税业务网上缴费信息服务，支撑对资金流向、流量实行全程监控，促进缴费信息共享。

六、智慧信用公共平台

连接国家信用平台，逐步整合、对接各部门、各行业业务系统，建立政府、社会共同参与的社会信用信息联动机制，建设完整、真实、动态更新的信用档案及社会信用信息库。深化跨部门、跨行业、跨区域信用信息记录、整合和应用，实现自治区社会信用信息互联互通。

社会信用平台。完善社会信用业务及服务系统，建设社会信用信息资源库，形成完善的信用数据治理体系。全面支撑政务服务、市场监管、社会治理等应用。

社会信用数据。梳理部门、行业信用信息共享目录，依职能梳理部门、行业所提供和共享的信用信息目录内容。明确法人与自然人信用元数据、信用数据指标项等规范，包括数据项编码、数据项类别、数据项名称、数据项定义、数据项类型、数据项长度等，为各级部门汇聚法人、自然人信用信息提供规范指引。

全区统一的社会信用体系。健全涵盖信用信息归集共享机制、信用监管机制、信用奖惩机制、信用应用机制、信用主体权益保护机制、信用宣传教育机制、信用工作推进机制等的制度支撑。构建以信用为核心的新型市场监管体制，建立健全事前信用承诺和信用查询、事中信用记录和信用分类监管、事后联合奖惩和信用修复的、以信用为核心的监管机制。

行业领域的信用数据应用。基于完整真实的社会信用主体档案快速构建行业、领域信用应用，有力支撑政府部门对行业、领域主体的联合监管、专项整治、重点排查等市场监管工作。在条件成熟的领域，引入信用报告机制，促进行业主管部门制定相关标准及管理办法、执行联合惩戒措施。

七、智慧地理信息平台

依托自治区自然资源地理空间框架建设基础，汇聚、整合区直各单位、行业、社会等第三方地理空间信息资源，纵向实现国家、自治区级和盟市旗县的联通，横向实现相邻省区基础地理信息与专题图层信息的集成和叠加，形成全区统一的地理信息服务体系，为城市公共管理、应急处理、公共服务以及科学决策等提供“一张图”的地理信息数据的支撑。

基础地理信息数据库。完善现有基础地理信息数据库，为城市公共管理、应急处理、公共服务以及科学决策等提供优质的地理底图数据。

智慧地理信息平台。建成全区统一、权威的智慧地理信息平台，为全区政府部门和社会公众提供统一、集成的地理信息应用与服务奠定基础。

地理信息服务。完善现有地理空间数据服务功能，提供认证、地图应用、地理编码、数据接口、数据发布、服务注册和二次开发服务等功能，为全区政府部门和社会公众提供经过组合与封装的地理信息及其服务，支撑“一张图”的时空数据展现、空间定位、数据时空分析等多层次的需求。

八、智慧社会服务平台

建设“数字政府”智慧社会服务平台，实现“数字政府”实时运行监控，全面及时掌握“数字政府”建设和运行情况，实现物流、智能客服等运营支撑能力，为保障“数字政府”整体协同、持续、高效运行提供有力支撑。

预约平台。建设全区统一的预约平台，为各个政务服务提供统一的接口，提供基本的验证技术和手段，防止恶性预约。

智能客服。与政务服务网、各盟市“12345”热线平台、微信、短信平台对接，借助大数据分析、智能机器人、语音识别、文字识别、图片识别等技术，提供主动服务，综合分析用户诉求，发现热点问题，提供全面、精准的服务。

物流平台。实现市级政务服务平台可直接对接区级物流平台，为政务服务网、政务公众号、App开放接口，提供统一的物流查询、跟踪服务和管理，让市民体验主动服务与足不出户办事的便捷性。

资料来源：国研经济研究院根据内蒙古自治区有关部门提供材料以及其他省市数字政府建设技术方案编制。

专栏34　　内蒙古数字社会支撑体系建设方案（建议）

一、智慧城市平台建设

充分发挥内蒙古产业优势，集成先进技术，推进信息网络综合化、宽带化、物联化、智能化，加快智慧型商务、文化教育、医药卫生、城市建设管理、城市交通、环境监控、公共服务、居家生活等领域建设。全面提高资源利用效率、城市管理水平和市民生活质量。将城市建设为一个基础设施先进、信息网络通畅、科技应用普及、生产生活便捷、城市管理高效、公共服务完备、生态环境优美、惠及全体市民的智慧城市。

建设“城市大脑”。统筹城市数据汇聚，做好数据归集，打通信息壁垒，加快实现数据共享，为智慧应用场景建设提供数据支撑。进一步强化“城市大脑”功能；加快构建更多智慧应用场景；聚焦“物联”、依托“数联”、围绕“智联”，强化智慧治理，提升城市精细化管理水平；在积极为新经济企业提供数据“原材料”的同时，注重培育本土智慧化应用企业，以数据开放助力新经济发展，为推动全区经济社会高质量发展提供重要支撑。

二、远程教育平台建设

加强资源共建，促进数字教育资源一体化。摆脱时空局限，更好地满足学生个性化的学习要求，提高教学的多样性和学生的学习兴趣，为学生提供充裕的学习机会，同时也为贫困区域的教育做出贡献。助力教学数字化转型，真正实现数字教育。

完善网络教学基础设施。建立教育大数据云服务平台，将优质教育资源与服务进行网络互通，促进教育公平，实现学习机会人人平等的局面。

三、远程医疗平台建设

落实国家分级诊疗制度。调整医疗资源分布，加快基层医疗卫生服务体系建设。对接国家级远程医疗平台，实现贫困嘎查村远程医疗“全覆盖”，让贫困嘎查村群众足不出村就可以享受上级医院的优质医疗服务。减轻群众就医负担，防止因病致贫。

搭建远程医疗村村通互助平台。一是组织自治区三甲医院的医疗专家每周一次为村民同一病种集中远程会诊、就医指导或为村医讲课，带动医疗服务能力以及农村整体健康水平的提升。二是引导旗县医疗专业技术人员加入平台专家库，为基层提供个性化的公益远程诊疗服务。最终实现与二级、三级医院远程平台互联互通。

四、乡村智慧电商物流建设

整合商贸物流快递资源，开展共同配送，在区域节点建设仓储物流中心，提升物流信息化水平，发展智慧电商物流，提高配送时效，形成“布局合理、双向高效、种类丰富、服务便利”的乡村电商物流服务体系，解决目前乡村电商物流流通效率不高，物流成本居高不下的问题。

完善乡村电商物流基础设施建设。充分整合优势资源，全力打造乡村电商综合服务体系。进一步整合商务、经信、邮政、人社、供销等部门在政策项目、平台网点、物流配送、人才培训等方面的优势资源，进一步完善县级电商运营服务中心服务功能，加快乡镇电商服务中心和村居（社区）电商服务站点建设，构建覆盖县、乡、村的三级电子商务运营服务网络体系和惠农供销平台，实现平台功能对接和数据对接，打通乡村物流的“最后一公里”。

五、金融服务覆盖

充分利用互联网金融、大数据、云计算等科技手段，延伸服务半径，扩大服务覆盖，降低服务门槛和服务成本。着力构建运行高效、互助共享、线上线下同步发展的普惠金融产品服务体系，实现目标客户的精准识别、精细管理、精确服务，实现普惠金融可持续性发展。

完善信贷风险管理。将互联网征信、小微企业和商户的信息线上化，并且设计相应的智能风控模型，实现全方位监控。精准刻画客户风险，利用数据交叉验证，降低业务风险。云计算技术和大数据平台能够实现对小微信贷主体的碎片化信息进行关联分析、交叉检验及信息核实，对企业和商户全方位画像，既可以实现贷前调查，贷中小微信贷用途监控，而且可以有效降低风险控制成本。

六、数字公益

提高数字公益项目的运作效率，从根本上解决公众对传统公益事业的信任危机，促进公益系统的完善和未来公益事业的更好发展。

搭建区块链公益平台。以基于区块链底层技术的公益链为平台，将每一笔善款的捐赠与使用情况都记录在链上。通过区块链技术的不可篡改、公开透明、可追溯等特性，解决公益慈善事业

“信任屏障”的痛点，让每一笔善款都可以被全程追踪，实现了公益数字化、公益透明化。

七、数字碳汇

利用海量数据管理技术、物联网、信息交换等核心技术，通过“智慧林业”平台，与碳市场交易网实现联网，全面、实时地了解和掌握成交价格、成交双方、成交量、计入期等交易情况，并与历史信息进行分析比对，在第一时间为林业碳汇项目交易提供资料，实现全区碳资源的动态管理、资源共享、关联性业务协同发展，推进全区林业碳汇资源数字化管理。

建设“林地一张图”。利用遥感和地理信息技术，依托应急测绘保障资源及高分辨率卫星影像和航拍重点林区影像等测绘信息资源，监测火险火灾、病虫害等造成的森林碳排放，能够实现精准定位，辅助林业部门做好生态资源的保护，减少森林自身碳排放，保护碳库资源。

持续发展数字公益林。依托“蚂蚁森林”等示范项目，通过网络渠道筹集内蒙古绿化资金。加强对造林项目的中长期监督管理，提高资金利用效率，加大网络宣传，吸引国内外绿化公益基金投入共建。

资料来源：国研经济研究院根据内蒙古自治区有关部门、部分盟市提供材料编写。

专栏35　　巴彦淖尔远程教育“同频互动课堂”建设与应用

自2015年起，巴彦淖尔市紧跟教育部及自治区出台相关文件的要求，推进基础教育信息化工作，与教育教学深度结合，提升教学质量，加快全市“同频互动课堂”应用，将城镇优质教育资源同步传输到边缘农牧区学校。市教育局定期组织运维人员、教研人员、专任教师的市级远程分层培训，各旗县区组织相关人员到旗县区同频互动学校参加培训。“同频互动课堂”应用模式为同频互动教研应用，互动教研，在线观摩、评课，培训、名优示范课；同频互动教学应用及教育资源平台应用。

2019年，巴彦淖尔市出台文件，通过规范常态教学管理、应用常态化，规范系统运维管理，强化应用培训管理，规范日常监控管理，进一步加强“同频互动课堂”常态化应用与管理；另通过提质或新增互动教研应用，在线观摩、评课，名优示范课，双师互动讲堂，专递课堂，视频会议，班队活动，进一步完善互动模式，创新应用亮点；通过加强经费保障、完善激励机制等健全保障机制，确保持续发展。

截至2019年8月份，巴彦淖尔市对“同频互动课堂”项目进行多项升级改造，分别进行了设备升级、专用网络升级，实现了学校至旗县区到市级的互联互通。升级改造后全市大部分学校进行了试运行工作。截至8月27日，全市通过“同频互动课堂”一师一优课晒课教师1822名，晒课2403节，其中实录课1814节，为偏远旗县区学校提供了优质教学素材。

资料来源：国研经济研究院根据巴彦淖尔市教育局提供材料整理。

五、保障措施

（一）建设内蒙古数字经济门户

搭建门户网站、社交媒体账号同步的内蒙古数字经济门户，打造成为适应数字经济发展趋势、服务于内蒙古数字政府的全媒体平台。

门户立足于传播主流价值、引领舆论，追求第一时间、快速发声，推崇表达亲切、文风清新，奉行“正确导向、开拓创新”，报道国内外领先的数字经济发展动态，为“数字政府”改革建设工作提供思想动力。

门户内容框架如下：

表4　内蒙古数字经济门户内容设计

一、数字经济概念与技术	二、数字政府建设	三、数字产业建设	四、产业独角兽案例分析	五、全球数字经济发展研究
010为什么要研究数字经济	020数字化政务	030数字化金融	040人工智能	050中国数字经济发展
011什么是数字经济	021数字化工业	031数字化健康	041传统互联网公司	051各部委数字经济政策
012数字经济有哪些案例	022数字化数字经济局	032数字化工业	042数据征信评价机构	052贵阳数字经济发展
013数字经济现在什么阶段	023数字化水务	033数字化电子商务	043数字经济指导生命科学	053广东数字经济发展
014谁在做数字经济	024数字化电力	034数字化医疗	044专业领域的数据共享者	054江苏数字经济发展
015数字经济内核是什么	025数字化农业	035数字化城市规划	045专业的数据加工者	055陕西数字经济发展
016数字经济有哪些关键的技术	026数字化环保	036数字化零售	046专业的数据营销者	056重庆数字经济发展
017数字经济有哪些潜在价值	027数字政府治理	037数字化旅游	047数字经济工具的生产者	057浙江数字经济发展
018数字经济发展问题		038数字化和基因	048数据开放平台API经济	……
019数字化经济发展趋势		039数字化和交通	049数据交易平台	

资料来源：国研经济研究院参考部分省市政府网站设计比选方案编制。

（二）建立数字经济评价机构

在业务流程再造、事中事后监管、数据共享和电子材料应用等方面建立制定配套政策、健全管理机制，以技术和制度创新促进整体数字政府构建。加快完善内蒙古信息化工程建设项目管理相关规定。

建立“数字政府”建设和运营情况考核指标，科学评价建设成果、运营情况、投资效益，实现“以评促建”“以评促用”。在此基础上，探索进一步细化拓展量化考核范围，覆盖各地市部门、各级工作人员，实现全区政务服务和评价监管治理工作数字化。

拟联合北京大学电子政务研究院建立“中国数字政府指数”发布平台，对各个地方的数字政府的发展进行评价，帮助内蒙古寻找数字政府领域存在的差距，促进数字政府建设工程在内蒙古转化为数字产业。

专栏36 中国政府指数

一、中国政府指数的计算方法、主要功能

中国城市政府治理与公共服务指数（简称中国政府指数）是北京大学电子政务研究院开发、发布的监测、描述中国各级城市政府治理和公共服务状态的动态量化指标体系。指数品种依据城市政府的职能、职责设立，涵盖政府治理和公共服务各个方面，包括用于监测政府治理和公共服务总体状态的一级指数和用于反映、标识政府各个职能、职责部门运行状态的二级指数。全部开发完成后，指数品种总数将达百种以上。

中国政府指数的数据来源于互联网大数据、政府公布数据、行业研究数据、学术研究数据等。指数以大数据技术、机器学习技术、人工智能和神经网络计算技术以及智能网络技术为手段，以政府学、公共管理学等相关学科和理论为指导，结合政府及行业特点，通过构建数据模型获得。

中国政府指数力求客观、系统、动态、数据化地监测和评估城市政府治理、公共服务的状态、效益、效能，为公共管理部门、行业管理部门和公众监测、预警、评价政府运行和服务状态，提供第三方数据服务；为中国政府治理、公共服务和地方经济社会发展，提供数字画像和决策、运行的数据支持和工具服务。

二、中国政府指数的发布形式

指数按照各类指数性质、功能的不同，采用持续发布、分步定时发布和定制发布等形式公布。

一级指数主要满足城市政府治理和公共服务状态的总体描述和监测需要，通过指数测量、排名，对城市政府的治理绩效和公共服务水平、能力进行测量、排名。一级指数采用年度定时发布方式公布。

二级指数主要针对各级政府监测、控制各个职能部门运行状态的内部管理需要设立。同时，二级指数还具有数字化实时风险预判、监测、评价和政务公开功能，能够成为各级政府加强内部管理、运行控制和业务运行自启动的工具。二级指数采用模块化（即依据相关法律法规规定而形成的职能模块）分步定时发布和定制发布形式公布。

三、将内蒙古确定为“中国政府指数”发布基地的意义

中国政府指数品种众多，指数发布工作量大、涉及面广，这一特点决定了指数发布将采取一级指数年度总发布，二级指数季度、月度轮流发布，线上线下发布相结合方式，全年度持续进行。因此，与指数模型的构建、指数的生产同样重要的是选择、

建设、运营“中国政府指数发布基地”。

中国政府指数将通过与地方政府合作方式，选择中国政府指数永久发布基地。北京大学电子政务研究院将与地方政府共同负责永久发布基地的建设和运营。由于指数发布的影响力较大，中国政府指数永久发布基地在地方的落地，将会提升基地所在城市及其地方政府的形象和社会影响力，对地方经济社会的发展具有积极的影响。

中国政府指数所积累的庞大数据和模型，会逐步成为国家相关部门、行业管理机构、相关产业领域的政策形成、业务指导、管理和市场活动的数据来源、资源渠道和工具平台。在指数对政府运营的融入逐步深化、影响力和价值逐步显现的情况下，指数研发及其发布活动可以为国家相关部门、行业、系统举办各种会议、培训、咨询、调研提供内容、场地和会务等方面的服务，指数、指数发布基地的价值和影响力将会随之得到进一步提升。

资料来源：国研经济研究院根据北京大学“中国城市政府治理与公共服务指数”课题组材料编写。

（三）组建数字经济研究院

联合我国高端智库，筹建“数字丝路（内蒙古）研究院”，推动内蒙古产业升级、产业数字化为主，兼顾推广应用政务数字技术，构筑成果转化平台。贴紧自治区政府需求，汇总数字经济优秀案例，成为内蒙古乃至我国中西部地区依托“一带一路”发展数字经济的主要智库。

（四）建设数字经济培训基地

尽快成立数字经济培训基地，营造良好的学习实践环境，加强“数字政府”人才队伍建设，培养既精通政府业务又能运用互联网技术和信息化手段开展工作的综合型人才。将“数字政府”改革建设列入领导干部和各级政府机关工作人员学习培训内容，建立普及性与针对性相结合的培训机制，提高“数字政府”建设意识和素质。培训课程建议如下（见表5）。

表5　　内蒙古数字经济培训课程体系设计

模块	课程名称	培训对象	课时
基本战略、策略思维	数字经济基础概论	政府企业高层	3
	数字经济发展政策解读与趋势预测	政府企业高层	2
	数字经济应用案例	政府企业高层	3
	数字经济驱动下的国家发展战略	政府企业高层	2
	数字经济驱动下的城市发展战略	政府企业高层	1
	数字经济驱动下的企业发展战略	政府企业高层	3
	如何做一个有价值的数据产品	政府企业高层	2
	数字经济十大商业模式分析	政府企业高层	2
	企业的数据资产如何管理	政府企业高层	2
	数字经济平台的技术架构和方案模板	政府企业高层	1
	贵阳发展数字经济模式分享	政府企业高层	2
产业变革	数字经济营销实战案例剖析	政府企业中层	2
	数字经济驱动金融产业变革	政府企业中层	3
	数字经济驱动制造业产业变革	政府企业中层	3
	数字经济驱动医疗产业变革	政府企业中层	3
	数字经济驱动健康产业变革	政府企业中层	3
	数字经济驱动农业产业变革	政府企业中层	3
	数字经济驱动旅游产业变革	政府企业中层	3
	数字经济驱动交通行业变革	政府企业中层	3
	数字经济驱动纺织产业变革	政府企业中层	3
	数字经济驱动工业变革	政府企业中层	3
	数字经济对于管理的变革和影响	政府企业中层	3
	数据治理与数据管理	政府企业中层	3

续表

模块	课程名称	培训对象	课时
新兴技术	人工智能基础概念	政府企业高层	3
	人工智能对于未来企业发展影响	政府企业高层	3
	区块链的前世今生与未来	政府企业高层	3
	人工智能生态分析	政府企业高层	3
	数字经济与人工智能	政府企业高层	3
	物联网产业发展介绍	政府企业高层	3
	量子计算对于社会发展的影响	政府企业高层	3
	人工智能在企业的应用分析	政府企业高层	3

资料来源：国研经济研究院参考网络公开课程目录设计。

附件六

案例研究——“政银合作”建设内蒙古数字社会

一、“鹿城之窗”数字社会案例研究背景

发展数字经济，建设数字社会，对贯彻落实党中央、国务院决策部署，深化供给侧结构性改革，推动新旧动能接续转换，实现高质量发展，意义重大。

近年来，内蒙古积极响应国家发展数字经济战略，各级政府研究谋划数字经济相关政策措施，着眼信息惠民服务、改善民生，大力推进数字社会建设。但在发展数字经济、建设数字社会过程中，内蒙古面临着地域辽阔、人口分散、政府财力不足、人才匮乏、社会数字化基础薄弱、信息惠民服务的成本较高等实际困难，需要探索适合内蒙古的发展路径。

在内蒙古自治区政府和中国银行总行的大力支持下，包头市政府与中国银行内蒙古分行、包头分行联合打造了基于“互联网＋政务服务”的综合数字服务平台“鹿城之窗”，依靠政府主导、借助银行投资，利用创新思维、创新合作模式和创新数据科技，把金融服务网络

和政务服务网络有机结合起来，把金融服务数字化和政务服务数字化有机融合起来，实现数字社会平台“线上＋线下”服务一体化，逐渐形成多方共治、依法治理、协同治理格局，营造出规范有序、包容审慎、鼓励创新的数字社会发展环境。“鹿城之窗”开创了内蒙古政府与银行合作建设数字社会的新模式，其成功经验值得充分学习、借鉴和推广。

二、“鹿城之窗”的建设进展

中国银行内蒙古分行、包头分行充分利用金融资源和科技优势，投资支持包头市政府，搭建、升级、拓展了全事项、全流程、全覆盖、全场景应用的综合性便民政务数字社会服务平台“鹿城之窗”。“鹿城之窗”以深入推进政府“放管服”改革为导向，以实现政务“马上办、网上办、就近办、一次办”为目标，利用大数据、云计算、人工智能、区块链等数字技术，整合政府数据资源，优化简化政务流程，促进数据共享，强化部门协同，建设集约化、规范化的四级联动政务服务体系，已逐渐形成党委领导、政府管理、企业履责、社会监督、网民自律等多主体参与，经济、法律、技术等多种手段相结合的综合性便民政务数字社会服务平台。

2017 年 12 月“鹿城之窗”平台初步上线运行，主要涵盖两方面功能。一是政务服务，可以实现 24 个委办局具有行政审批职能部门的 409 项公共服务事项的预约、申报、进度查询业务，其中“最多跑一次”事项 124 项，“零跑路”事项 29 项，从而缓解市民线下排长队等问题。二是便民缴费，为包头当地居民提供水、气、热、学费、公交一卡通等日常生活缴费服务，还可选择自助终端、官方网站、手机公众号等多渠道进行缴费，可选择中国银行手机银行扫码支付以及微信扫码缴费等常用支付方式。

根据中央推进“互联网＋政务服务”的整体部署和内蒙古自治区的工作要求，2019年3月，包头市政府与中国银行包头分行合作，全面升级“鹿城之窗”服务系统，建设“互联网＋政务服务”核心平台，并将国务院确定行政审批目录中规定的事项纳入其中，为包头“数字政府”运行提供支撑，并为后续各类行政系统接入提供基础平台。目前，包头市“互联网＋政务服务”平台核心系统18项功能正在进行试调试联，后期将继续进行其他辅助系统的上线和调试，同步完成与自治区各平台及市级各部门已有系统对接。在此基础上，还将丰富应用场景，采用“1+N+M”模式，将“互联网＋政务＋金融＋服务”的先进理念逐步推广至“智慧财政”“智慧人社”以及公安、住房、教育、医疗、交通等场景，打造全覆盖、多场景的“数字包头”。

三、“鹿城之窗”的初步实践成果

“鹿城之窗”以用户体验为追求，以企业需求为导向，以应用场景为核心，为政府、企业、个人提供全面政务服务、金融服务、民生服务等多方面数字社会服务，推动政府职能转变、营商环境优化、普惠民生落实，助力数字政府、数字社会、数字金融协同发展。

“鹿城之窗”将银行服务网点和移动端打造为政务服务终端，将会进一步发挥中国银行包头分行43个线下营业网点、100多台银行终端、1万多家对公单位、129万个人储户的规模经济效应，创造社会价值。

（一）建立流程便捷、全面覆盖的“互联网+政务服务”体系

全面升级后的“鹿城之窗”借助中国银行包头分行在信息系统安全、金融支付结算、便民服务以及渠道广泛等方面的优势，助力包头市政府打造更加便民亲民、综合化程度更高的数字政务服务平台。

1. 以民生服务为导向，优化数字政务服务流程

全面升级后的“鹿城之窗”以“优化办事流程、简化办事手续、方便群众办事”作为数字社会便民服务重点，建立了跨地区、跨部门、跨层级政务服务平台，衔接市、县区、乡镇、村（社区）四级服务体系，落实国务院“让数据多跑路，让群众少跑腿”“只进一扇门”“最多跑一次”的“互联网＋政务服务”宗旨，有效提高政务服务和社会运行效率，降低政府、企业和个人的办事成本。

一是区分业务类别，优化精简办事材料。例如，针对生活困难家庭医疗费报销、重残人员和低保家庭人员，在办理居民基本医疗保险等事项中，优化精简群众办事提交所需材料。

二是基于用户真实身份，不断提供更多便民服务。为市民提供身份认证、公共缴费、事项查询等各种基于真实身份的便民服务，不断扩展政务便民服务范围。

三是优化精简办事流程，实现全网通办联动审批。例如，在公安户籍业务办理时，以方便“人户分离”的群众就近办事为目标，在不改变事项审批权限的前提下，突破“户籍”限制，将服务延伸到社区（村），为群众提供社区（村）服务站、街镇大厅办理等多选择入口，实现部分事项的全区“通办”。

2. 建立灵活方便的移动应用平台，优化地方营商环境

目前“互联网＋政务”平台已接入24家委办局的业务400多项，平台梳理了账号开立、证照年检、征信查询、电子签约等企业业务清单，

建立了企业证照库，实现了企业服务需求对接、审批事项办理等功能的全流程、全链条创新服务体系，不断提升网上政务服务大厅的功能，扩大全市政务服务网上办事的覆盖率，努力推进企业办事“零见面”。

“鹿城之窗”App打通政务服务最后一公里，向企业推送、宣传政府最新政策，为企业提供工商、税务、投资审批等政务服务代办，并提供法律服务、人才招聘、财务管理等专业化、定制化、多元化服务，让政府的主动服务行为更精准、更明确，满足创新创业需求，降低企业运营成本，通过数字化政务不断改善优化地方营商环境。

3. 提供多渠道数字化一站式缴费服务

“鹿城之窗”平台将全市水、电、气、暖、公交一卡通等便民服务事项全部进驻网上政务服务平台。政民互动渠道已实现市、县、乡、村四级全覆盖，形成立体式、全渠道“互联网＋政民互动”数字化服务网络。中国银行网点的自助终端增加“鹿城之窗”政务服务业务，实现多项事项的上线使用。目前正在讨论上线的智能化在线咨询系统，在中国银行智能投顾系统的基础上，建立智能语音、在线机器人、咨询库等功能，为各类用户提供多渠道数字化智能咨询服务，让政务服务更便民、更亲民。

4. 提供政务数据分析，优化政府部门职能分工

通过互联网＋政务平台构建和数据归聚，极大提升了对大数据的分析和运用，对政务服务各环节进行精准数据比对，主动、快速查找和发现政务流程及体制上需要改进和解决的问题，为深化政府机构改革、优化职能，改善营商环境和民生福祉，提升社会满意度找到科学合理的依据，避免政府机构改革存在“盲点”，大幅减少机构改革试错成本。

（二）充分发挥“互联网+政务服务”的经济社会价值

1. 依靠功能集成、系统集成，实现渠道简并、成本降低

“互联网 + 政务”平台为政府部门提供全方位支持，形成“一个平台、N 个业务领域、M 项增值服务”。截至 2019 年 9 月底，平台已上线公安、市场监管、应急等多个政务场景，涵盖身份认证、信息查询、业务办理等功能。

从服务对象看，包括面向企业法人和面向个人的服务事项，服务原则为法人服务事项集中办，个人便民服务事项就近办。从服务层次看，政务服务中心运行企业法人服务事项，集中了为企业法人服务的政务服务事项，提供相对完整的全链条服务；区县、乡镇政务服务中心运行个人服务事项，个人便民服务事项实现就近办理。从服务渠道看，包含政务服务大厅、委办局专业服务大厅和街道服务大厅等线下服务场所；线上服务渠道包含网上服务大厅和移动端政务公众号等。

2. 基于金融和政务大数据，共建社会信用体系

利用包头政务数据资源以及中国银行业务系统数据，把政府、企业和个人的数据汇聚在一起，建设个人、企业、政府部门等数据图谱，共建社会信用体系，给多方提供信用服务，同时分析民生、工业、农业、服务业等不同行业政企协作的状态和问题，降低银行面临的信用风险。

3. 利用银行专业优势，参与工程管理联动审核评估

通过在“互联网 + 政务”上线工程管理联合审批系统，银行积极参与地方重大项目建设、招商引资等重大决策的研究、论证等工作。利用自己的专业优势，从专业的角度提出合理的建议，实现政府财政资金的高效利用。

4. 运用金融科技，完善社会治理体系建设

在系统设计方面，根据中国银行金融科技多年发展经验，以“鹿

城之窗”平台为基础，以 N 个政务服务子系统为支撑的“1+N”建设一体化平台，实现“一网通”建设。采用“整体规划、统一开发、集中部署和多级共用”建设模式，横向链接了公安、人社、卫健等二十多个政府部门，纵向贯穿“市县镇（乡）村”四级。在系统安全方面，借鉴金融机构信息化安全经验，突出数据安全、系统等保四级建设。

5. 充分发挥金融政务数据价值，提供科学决策依据

通过政务平台数据与金融数据的融合应用，建立居民个人、企业、社会组织画像，一方面对企业运营情况进行分析，为企业发展提供金融服务和战略支撑。另一方面根据地方产业及企业特点，通过大数据全面分析，为政府的产业布局规划、产业政策制定，提供数据支撑和科学决策依据。

6. 在项目建设中创造需求，带动区域数字经济的发展

在数字化平台建设和运营中，需要购买各类的信息技术服务。中国银行与数字技术服务提供商、通信运营商、专业咨询机构，以及院校等其他社会资源，在金融科技、公共服务、金融支付等重点领域展开市场、技术、资源等方面的全方位、高层次、网络化的战略合作，着力破解“政府不能做、企业做不了、民众受益难”的难题，促进区域数字经济发展。

（三）以“互联网+政务服务”推动数字金融业务创新

“鹿城之窗”也是中国银行包头分行与包头市政务局合力打造的“互联网 + 政务服务 + 金融服务”的一体化数字金融平台，对中国银行探索金融业务模式创新具有重要意义。

1. 打造“互联网 + 政务 + 金融”综合服务体系，降低交易成本

中国银行包头分行为包头市企业提供一站式的对公开户、产品签约等服务。移动智能柜台可以支持客户签约、企业网上银行、对公短信通、中银单位结算卡、回单服务、银企对账、线上代发薪等业务。企业办理开户时“无需预约、账号立取，无需填单、数据共享”，较之传统的银行柜台开户，移动智能柜台对公开户的时间节省了三分之二。中国银行与市场监管委共享数据信息，银行人员录入企业的社会信用代码后，工商信息直接导入银行系统，更为方便快捷。

2. 政务数据精准服务中小企业和民营经济

通过政银合作，能够让银行发现民营经济的“痛点”真正在哪里，有针对性地调整、修正市场规则和法律法规，有效推动银行为中小企业和民营经济提供更精准的金融服务，提升金融服务实体经济能力，解决中小企业融资难、融资贵的问题。

3. 依托政银渠道，增强金融服务的渗透

在常规政府政务大厅的基础上，中国银行开放物理和线上渠道、金融技术、信息系统、金融数据等，通过“一部手机办事通”App、PC（个人计算机）端政务平台、市民卡、“一卡通”等，“线上＋线下”全渠道、全方位、全区域为政府、企业和老百姓提供各类政务服务，推动“政务服务无处不在”。在提供政务服务的过程中，银行能够以更多的渠道接触客户，推送信息。

4. 数据共享防范区域金融风险

“数字监管”智慧政务，通过“一张网”“政务云＋数据”“大数据＋监管治理”对自然人、法人的纳税等行为特征进行梳理，司法等政府部门充分分享各种信息数据，不仅有助于推动个人诚信建设，而且也能有效推进制度、法律法规的及时性、预防性、威慑性调整，塑造良好社会信用环境，减少法律“后知后觉”调整产生的成本，有效防范区域金融风险。

四、“鹿城之窗”对内蒙古数字社会建设的主要启示

“鹿城之窗”的“政银合作”模式，对内蒙古数字社会建设具有重要意义：一是利用社会化合作模式，破解政府建设数字社会面临的财力不足、人才匮乏等难题。二是借助外部力量，打破政府各部门藩篱，破解数据整合难题。三是利用政务服务和金融服务的融合，把行政审批、金融约束在资源配置中的作用加以统筹，实现优势互补，多渠道、全方位优化营商环境。四是利用政银大数据融合，减少信息不对称，解决中小企业融资难、融资贵的问题。五是通过渠道共建、服务网络下沉，为偏远牧区、矿区提供便捷的政务服务、金融服务，兴边富民，增强人民幸福感、获得感。

推进内蒙古数字社会建设，还需进一步做好以下几方面工作。

（一）完善数字社会平台建设

加大政策保障。坚持依法治理与底线治理并重。针对数字技术与各行业融合发展的实际情况，政府立法机构应加快数据垄断、数据保护、人工智能、关键信息基础设施等领域的立法工作，调整完善不适应数字经济发展和治理的现行法律法规和规章制度。

保护数据安全。政府和执法机关、行业自律组织需要进一步加强对数字资产的保护，对各类违规、违法收集、使用和交换数据的行为，加大依法打击力度。

优化整体式政务服务。整体式政务服务是要解决政府服务中的碎片化、条块化、本位化的问题。按照推进政务服务“一网、一门、一次”改革实施方案的要求，站在企业和群众角度界定“一件事情”，打破

传统行政审批以部门相互分割的“事项”标准，通过数字政府建设，大力推进“一件事情”的流程梳理，把权力关在数字系统里，对涉及多部门、多环节、多层级的事项，建立内部流转程序，实施行业联合审批标准化改革。

不断加强与公众需求结合力度。作为衡量数字平台建设水平的重要指标之一，办件数量的上升是对平台建设成绩莫大的认可。但是，政府建设部门仍须清醒地认识到，相比于庞大的政务事项办理数量来讲，目前能够实现网上办理的件数仍然是十分有限的。这就需要平台建设者在开发平台办事功能时，能够充分考虑到公众的实际需求，从“群众视角”出发，充分利用大数据，着重开发并完善那些群众办理量最大、办理次数最频繁的事项功能或事项功能链，以特色事项或事项链为单元，将其涉及的所有流程和需求“打包处理”，同时能够及时推送链条上的下一办事环节，并在多元身份认证、深度共享、多渠道支付、实时追踪、评价问责等方面不断优化服务。

加强线上线下融合度。数字社会服务平台需要进一步努力打造网上服务大厅、微信公众号、实体大厅、自助终端、服务热线等“多渠道、一体化”服务模式，推进政务服务随处可及。数字政务、数字社会各渠道的服务还需要进一步有效结合，不断增强老百姓的体验感、获得感和幸福感。

（二）深化政府治理能力改革

数字政府、数字社会平台的建设，实际上是政府治理思维的转变，去中心化、去部门私利，打破部门垄断格局，其核心在于简政放权、激发活力、方便民众，重构政府、社会、公民之间的关系模式。在开展业务过程中，主要障碍是体制而不是技术。信息孤岛、数据烟囱、部门分割、条块掣肘都是外在的表现形式，问题的主要症结在于政府职位权力和利益的交织，形成了一些繁琐的审批流程和烦冗的权力结构。

（三）创新政银合作模式

进一步在机制体制和数字技术的创新上开展合作，不断整合相关政务服务，构建行政审批、公共服务、联动监管、决策支持、监察监控五位一体的数字社会服务新格局。

政府要积极引导社会机构、社会资本参与数字经济相关项目建设和运营，统筹规划、联合研究相关战略和实施细则，制定科学合理、符合数字经济发展规律的评价标准、预期投资回报率及其计算方法，实现数字产业、数字政府、数字社会联动发展。

* 本附件由国研经济研究院根据中国银行包头分行提供的材料整理。

参考文献

[1] 二十国集团. G20数字经济发展与合作倡议，2016

[2] 内蒙古自治区人民政府. 内蒙古自治区人民政府关于推进数字经济发展的意见，2019

[3] 内蒙古自治区大数据发展管理局. 数字内蒙古建设发展规划（2018～2025年）（征求意见稿），2019

[4] 广东省人民政府. 广东省“数字政府”建设总体规划（2018～2020年），2018

[5] IDM中国政务舆情监测中心. 2018～2019年广东“数字政府”建设报告，2019

[6] 马化腾等. 数字经济：中国创新增长新动能，北京：中信出版社，2017

[7] 中国信息通信研究院. 中国数字经济发展与就业白皮书（2019年），2019

[8] 中国信息通信研究院. 中国数字经济发展白皮书（2020年），2020

[9] 中国电子信息产业发展研究院. 2019中国数字经济发展指数白皮书，2019

[10] 中国软件评测中心. 2019年中国数字政府服务能力评估总报告，2019

[11] 腾讯研究院. 数字中国指数报告2019，2019

[12] 财新智库. 2019年1月中国数字经济指数报告，2019

[13] 财新智库. 2019年6月中国数字经济指数报告，2019

[14] 财新智库. 2019年10月中国数字经济指数报告，2019